수학 잘하는
아이는
외우지 않습니다

일러두기

- 이 책은 2015 개정 교육과정을 기본으로 구성되었습니다. 2022 개정 교육과정에서 초등 수학의 경우 학년별 단원 변화는 없습니다.
- 문제 유형은 《유형이 편해지는 생각수학》(시매쓰 편집부, 2018)과 《교과서 개념잡기》(비상교육 편집부, 2019)를 참고했습니다.

만점 체질 아이로 만드는 초등 수학 공부법

수학 잘하는 아이는 외우지 않습니다

서미순 지음

RHK
알에이치코리아

수학 잘하는 아이는
글을 읽고, 씁니다

나는 20년 동안 초등학교, 중학교 학생들에게 수학을 가르쳐왔으며, 현재도 수학 학원을 운영하면서 지자체에서 진행하는 수학 강연을 다니고 있다. 수학 학원 원장으로 오랫동안 학부모들을 만나면서 가장 많이 받은 질문 중 하나는 "원장 선생님, 저희 아이는 연산은 정말 잘하는데 그 이상으로 수학 점수가 오르질 않아요. 어떻게 해야 상위권으로 올라갈 수 있을까요?"이다.

사실 이 고민에 대한 해결책은 여러 가지다. 하지만 MBC에서 방송되었던 '공부가 머니?'에 출연한 입시 전문가부터 유튜브에서 활동하는 유수의 초등 수학 교육 전문가에 이르기까지 공통으로 말하는 것은 한 가지다. 초등 수학 공부는 학년별 수학 개념을 정확히 이해하는 게 시작이며, 결국 '수학 문해력'이 심화수학의 성적을 좌우

한다는 것. 그러니 유형별 문제 풀이에 치중해 공식을 달달 외우게 하는 기존 교육에는 대단히 문제가 있다.

초등학교 1~2학년 때는 대부분 아이가 단원평가에서 만족할 만한 성적을 받아온다. 그러다가 초등학교 3학년 때 분수 개념을 배우면서 한차례 수학 공포증을 겪고, 그 상태로 고학년이 되어 서술형 문제를 접하게 되면 문제를 읽는 것만으로도 큰 스트레스를 받아 결국 많은 아이가 수포자(수학을 포기한 사람)를 선언하게 된다. 수학을 가르치는 교육자로서 이런 상황은 정말 속상하다. 수학을 공부하는 방법을 조금만 바꾸면, 그러한 상황을 맞닥뜨리지 않을 수 있을 테니 말이다.

초등 수학쯤은 연산 훈련과 외우기식으로 지도하면 된다고 장담하던 부모도 얼마 가지 못해 큰 어려움을 겪는다. 부모의 입장에서 아이가 왜 이 단순한 초등 수학 개념을 이해하지 못하는지 납득하기 어려울 것이다. 하지만 아이의 문해력을 점검한 후에 아이의 학습 상태를 살펴보면, 아이가 왜 이토록 쉬운 수학 개념 하나 이해하지 못했는지를 금세 알아차릴 수 있다.

아이의 입장에서 더 깊이 생각해 보자. 예전에는 일상생활에서 자연스럽게 수를 배우고, 도형을 배웠다. 그런데 요즘에는 풀이에만 연연해 각 단원의 개념도 제대로 정립하지 못할 때가 많다. 아이들은 수학이 우리 생활에 필요한 것 같지도 않은데, 이 어려운 과목을 왜 배워야 하는지 알 수 없다. 문제를 어떻게 풀어야 하는지 생각해 볼 겨를도 없이 정답만 맞혀야 하는 상황인 것이다.

나는 수학적 문해력과 체험 수학이란 두 마리 토끼를 아이들에게 모두 쥐여주고 싶었다. 그래서 문해력을 바탕으로 일상에서 쉽고 재미있게 수학 원리를 터득하고 접목할 수 있는 '움직이는 수학 교실 수업'을 구상했다. 이 유일무이한 초등 수학 공부법은 지금도 '수학을 포기하기 직전인 초등 아이들'에게 심폐소생술로 쓰이고 있다.

초등학생 때 수학의 기본 개념만 잘 잡아도 아이는 수포자로 빠지지 않는다. 무엇보다 이 시기에는 수학에 대한 두려움이나 거부감 대신 자신감을 심어 주는 것이 중요하다. 특히 혼자 고민하면서 문제를 풀었을 때의 희열을 경험해 본 아이라면, 어렵거나 긴 문장의 문제를 만나도 지레 겁부터 먹지 않고, 일단 문제를 풀어 본다.

초등 수학 공부법에 관한 책은 이미 시중에 많이 나와 있다. 어떤 책을 읽더라도 초등 부모가 유념해야 할 점은 조급해하지 말고, 초등학교 1학년부터 6학년까지 전 교육과정을 큰 틀에서 보는 것이라고 한다. 나는 이 책에서 아이들이 글을 읽고 이해하는 능력을 갖춰 '수학 만점 체질'로 바뀌는 방법을 알려주고자 한다. 선행학습을 하든 하지 않든, 학원에 다니든 다니지 않든 아이의 수학 공부를 위해서는 학습의 기초, 문해력을 갖추는 게 우선되어야 한다. 그러면 초등학교를 졸업해 중학교, 고등학교에 가서도 수학 점수로 불안해하지 않을 수 있다.

나는 이 책에 부모와 아이 모두, 초등 수학을 공부하기에 앞서 큰 흐름 속에서 맥락을 이해할 수 있도록 학년별 단원을 소개하는 한편, 꼭 숙지해야 할 필수 개념부터 아이의 자기주도학습 수준을 체크할 수 있는 행동강령, 학년에 따라 적용할 수 있는 '움직이는 교실' 수업과 문해력 공부법까지 가장 현실적인 방법들을 최대한 많이 담고자 노력했다.

그리고 다른 책에서는 잘 다루지 않는 2025년 고교학점제를 대비하여 심화학습을 준비할 수 있는 공부법도 담았다. 일명 '수학 리포트 작성'으로 각 학년에 따라 준비해야 할 요점노트, 오답노트, 어휘사전노트를 만드는 비법을 소개한다. 이 세 가지 노트는 수학을 공부하는 동안 아이에게 큰 자산이 될 보물로, 반드시 아이가 준비할 수 있도록 학부모들이 도와주었으면 한다.

나는 종종 내게서 수학을 배운 아이들의 부모로부터 아이가 수학 경시대회에 입상했다거나 영재원, 과학고 등에 합격했다는 소식을 듣는다. 물론 학부모 중에는 내가 제시한 공부법을 얼마쯤 믿으면서도 한편으로는 의심하는 분도 있었다. 몇십 년 전이나 지금이나 나는 같은 마음으로 아이들을 가르치고, 학부모들에게도 나의 수학 교육 방식을 알려주고 있다. 다만 이 자리를 빌려 꼭 이야기하고 싶은 것은, 아이의 작은 성공과 노력에 부모가 끊임없이 칭찬하고, 응원해주었으면 하는 것이다. 사소한 말 한마디가 아이에게는 큰 자양분이 되기 때문이다.

20여 년 동안 수학 강사로 활동하며 수리력이 탁월한 아이들도 많이 만났지만, 수학을 공부하는 데 있어 어려움을 호소하는 아이들을 더 많이 만났다. 수학을 포기하기 직전이던 아이들은 나를 만나 수학 공부가 왜 필요한지, 수학이 얼마나 재미있는 학문인지 알게 되었고, 자연스럽게 수학 자신감까지 가지게 되어 결국 실수조차 허용하지 않는 만점 체질 아이로 거듭났다. 덕분에 학부모와 학생들 사이에서 '인생 수학쌤'이란 별명까지 얻었으니 나로서도 큰 보람을 느낀다. 넓은 시야로 아이를 바라보고 기다려 주면, 분명 '우리 아이'도 수학을 잘할 수 있다. 이제 시작이니 부모님들도 불안해하지 말고 끝까지 힘내길 응원한다.

서미순

차례

초등 수학 공부 로드맵
초등학교 1학년부터 중학교 1학년까지

	1학년	2학년	3학년
학습 기간	← 꾸준한 읽기·쓰기 →		← 공부 습관 →
	학습의 기초를 닦는 시기		수학 울렁증을 타파할 시기
학습 시간 (학년X15분)	15분	30분	45분
문제집 풀이	시각과 시간 점검		분수 점검
	개념서 2장 서술형문제서 1장		개념서 2장 응용서 1장 심화서 1장
연산 풀이	끈기 있는 연산		
	덧셈과 뺄셈	곱셈	나눗셈, 분수
추천하는 공부법	스토리텔링 수학·체험 수학· 수학 동화 추천		심화수학 추천

수학 잘하는 아이는 외우지 않습니다

4학년	5학년	6학년	중학교 1학년
$\rightarrow\!\leftarrow$	몰입·끈기 $\longrightarrow\!\leftarrow$		레벨업 $\longrightarrow$
	자기주도학습을 할 시기		최고의 학습 상태 도달
60분	75분	90분	105분
도형 점검		소수의 나눗셈 점검	일차방정식 점검
	개념서 3장 응용서 2장 심화서 2장	중등개념서 2장 or 중등응용서 2장	
	생각하는 연산	속도의 연산	
약수와 배수	분수의 사칙연산	중등 연산	

심화수학 추천	중학교 착한 선행학습 추천		최상위수학 or 블랙라벨 or A급 도전

1장

만점 체질로 바꾸는
초등 수학 공부법

읽어야 풀 수 있는
스토리텔링 수학

2012년 교육과학기술부에서 수학 선진화 방안을 발표하면서 수학적 원리와 법칙을 바탕으로 '생각하는 힘을 키우는 수학', '쉽게 이해하고 재미있게 배우는 수학' 그리고 '더불어 함께하는 수학'이라는 방향을 제시했다. 기호화된 수학 개념에 이야기를 입혀 아이들이 수학에 흥미를 느끼고, 자연스럽게 배우면서 더욱 쉽고 재미있게 학습활동을 할 수 있도록 이끌겠다는 의도였다. 단군 이래, 최대의 수학 혁명이라고 말할 수 있는 스토리텔링 수학은 이렇게 시작되었다.

사실상 과거의 교육 현장은 아이들이 수학에 흥미를 느끼고, 수학적 재능을 마음껏 발휘하기 어려운 구조였다. 수학의 꽃이라 할 수 있는 문제해결능력 영역은 배제한 채, 주입식 교육으로 학생들이 개념과 원리를 익히고, 반복적으로 문제를 푼 것이 전부였다. 그 결과 많은 아이들이 수학을 어려워하거나 싫어하게 되었고, 결국 수학에 흥미를 잃고, '수포자'를 선언하게 된 것이다.

아이가 수포자의 길로 들어서게 된 데는 부모에게도 원인이 있다. 아이의 성향은 전혀 고려하지 않은 채, 주입식으로 아이에게 수학 공부를 시킨 것이다. 게다가 아이의 학습 능력 기준도 잘못 설정할 때가 많다. 우등생의 기준을 지인의 아이에게서 찾는다거나 단순히 어느 학원 입학 테스트 통과로 아이의 학습 수준을 단정 지어, 공부에 흥미를 느끼기도 전에 아이를 주눅 들게 하는 것이다.

무엇보다 수학 교육과정은 나선형 학습의 일환으로, 탄탄한 기초학습을 발판으로 응용과 심화학습이 이뤄져야 하는 과목인 데 반해, 가정에서는 수학을 여전히 암기식으로 교육하고 있다는 게 가장 큰 문제다. 이러한 방식으로 아이에게 수학을 가르치게 되면, 아이의 학습에 공란이 생기는 것을 발견하기 어려울뿐더러, 얼마 지나지 않아 아이가 수학 공부에 손을 놓게 될 가능성이 크다.

물론 현재는 이러한 주입식 교육은 사라져야 한다는 여론이 형성되었고, 아이들이 스스로 문제 풀이의 논리적 과정을 찾아가며 답을 내는 서술형평가의 시대가 도래했다. 정답만 찾는 결과 위주의 평가 방식에서 해답이 나오기까지의 풀이를 중시하는 과정 위주의 평가 방식으로 교육의 무게중심이 옮겨간 것이다(사고하는 문제해결능력이 입시와 입사를 결정하는 핵심 기준이 되고 있는 사례는 우리 주변에서 쉽게 찾아볼 수 있다).

나는 수학의 역사와 단원별 개념을 유기적으로 연결한 다음, 통합적인 시각에서 수학을 가르쳐왔던 터라 스토리텔링형 교과서의 탄생이 매우 반가웠고, 유의미한 교육 변화라고 생각했다. 앞서 이야기한 것처럼, 이 학습법은 과거 교사가 직접 아이들에게 지식을 주입했던 것과 달리 학생 스스로 지식을 찾아 습득하고 새로 배운 내용을 머릿속에 재구성하는 것을 목표로 한다. 또한 기존 학습 평가가 학생이 지식의 알고리즘을 외우고 그대로 문제에 적용해 정답을 내는 방식으로 이루어졌다면, 스토리텔링 학습 평가는 그러한 결과뿐만 아니라 학습하는 과정 또한 평가 기준에 넣는다. 결국 학생이 주인의식을 가지고 자발적으로 학습에 임하며, 학습적 통찰을 바탕으로 사고체계를 형성해야 한다는 것이다.

그럼, 예를 통해 스토리텔링 수학의 구체적인 조작 활동에 대해 알아보자. 활동의 주제는 '내가 나에게 택배 선물 보내기'이다. 여기서 택배 보내기 활동은 스토리텔링 수업의 평가 기준이 된다. 수업 시간에 배운 도형의 넓이(cm²)와 들이(cm³)를 활용하고, 택배 상자의 크기와 들어가는 양을 측정하며, 배운 내용을 일상생활 속에서 똑똑하게 활용하는 것이다. 이 같은 활동은 아이에게 학습 욕구의 강력한 '발화점'이 된다. 나아가 아이는 학습활동을 즐기게 되고, 이 태도는 긍정적인 공부 정서로 이어져 부모와 자녀 사이에 발생하는 공부 스트레스를 해소해 준다. 한 사례를 들어 보자. '길이와 시간'

단원을 어려워하는 초등학교 3학년 아이가 있었다. 그 원인을 찾아보니, 2학년 2학기 때 '시각과 시간'을 제대로 학습하지 못한 채 3학년이 된 탓이었다. 다시 말해, '시간'에 대한 개념이 바르게 잡혀 있지 않았다. 그렇게 몇 주간 고생하던 중에, 아이가 가족들과 여행을 간다는 이야기를 들었다. 나는 그 이야기를 듣자마자 곧장 아이의 엄마에게 전화를 걸었다. "어머니, ○○가 가족여행을 간다고 자랑하더라고요~ 이참에 추억도 쌓고, ○○와 시간 공부도 같이해 보시면 어떨까요?"

내가 아이의 부모에게 요청한 것은 다음의 활동이었다. 여행하는 동안 아침부터 저녁까지 30분 단위로 일정을 적어 보는 것! 단, 시간 확인은 휴대폰이 아닌 손목시계를 보고 하는 것이다. 일주일 후, 여행을 마치고 돌아온 아이는 시간별로 일정을 적은 수첩을 자랑스럽게 내게 보여주었다. 아침에 일어난 시각, 호텔에서 출발한 시각, 목적지에 도착한 시각, 이동하는 데 걸린 시간, 관광하는 데 걸린 시간 등 아이의 일상 곳곳에 수학의 원리가 살아 움직이고 있었다. 이후 ○○의 '길이와 시간' 단원 실력은 어떻게 변했을까? 모두의 예상대로 일취월장했다.

내가 이 책을 쓴 이유는 다음과 같다. 첫째, 아이가 자신이 공부하는 이유를 주도적으로 찾을 수 있도록 돕고자 한다. 그래야 학습을 통해 생각을 가다듬고, 배운 내용을 활용해 좋은 성적을 낼 수 있다. 둘째, 아이들이 수학의 이론적 개념을 일상에서 배울 수 있게 돕고자 한다. 이것은 내가 만든 '움직이는 교실'의 학습 목표이기도 한

데, 이 과정을 통해 아이는 수학 공부에 흥미와 즐거움을 느낄 수 있을 것이다.

셋째, 공부의 기초체력이 되는 아이의 문해력을 키울 수 있도록 돕고자 한다. 앞으로 학교에서 이루어지는 모든 과목의 학습 평가는 문해력에 좌지우지될 것이기에, 공부를 시작하는 초등학교 1학년부터 발달시켜야 한다. 넷째, 앞의 세 가지 강점을 바탕으로, 아이가 공부할 때, 자신의 능력을 최대로 발휘하여 자신의 꿈을 이룰 수 있도록 돕고자 한다.

마지막 다섯 번째는 학부모에게 꼭 당부하고 싶은 이야기가 있어서다. 앞으로 우리 아이들이 배우게 될 국어, 영어, 수학, 사회, 과학 등 대다수의 과목은 아이가 문해력을 갖추지 않으면 일정 수준 이상의 학습력을 내지 못하는 구도로 교육이 이뤄질 것이다. 수학만 보더라도 아이가 수리력이 아무리 뛰어나도 문해력을 갖추지 못하면, 상위권 성적을 받기 어렵다. 고학년이 되어서도 문해력을 갖추지 못해서 공부하는 데 있어 이러지도 저러지도 못해 힘들어하는 부모와 아이를 수도 없이 봐왔다.

나는 종종 초등학교 학부모를 대상으로 아이의 공부법에 관해 강연하는데, 그때마다 하는 말이 있다. "초등학교 입학 전 아이가 읽은 책은 초등학생이 된 아이에게 공부의 호기심을 달아주고, 초등학교 때 읽은 책은 중학생이 된 아이에게 공부의 날개를 달아주며, 중학교 때 읽은 책은 고등학생이 된 아이에게 공부의 자신감을 달아줍니다." 이처럼 문해력은 초등 아이의 공부뿐만 아니라 그 아이가 성인이 되어서도 지대한 영향을 준다. 그러니 아이가 한 살이라도 어릴 때부터 독서하는 습관을 기를 수 있도록 부모들이 힘껏 도와주기를 당부한다.

수학 잘하는 아이는 외우지 않습니다

배운 즉시 활용하는
움직이는 교실 수업

평소 나의 취미는 역사 속에서 수학과 관련된 이야기를 찾는 것이다. 그리고 고대 수학자들이 밝힌 수학의 원리에서 파생된 다양한 사고력 문제들을, 초등 학년 수준에 맞춰 알맞게 수정한 후에 아이들과 풀어 보는 시간을 종종 가졌다. 예를 들면, 독일의 수학자 가우스에 관해 알아본 다음 가우스의 방식으로 자연수의 규칙을 찾아 계산해 보는 것이다. 나의 예상대로 아이들은 적극적으로 수업에 참여했다. 연산을 외우는 방식으로 공부하던 아이들이 왜 그렇게 계산되는지 고민하며, 일상에서 관련된 사례들을 찾아와 나에게 물어보기도 했다.

이렇게 실험 삼아 해 보던 '움직이는 교실' 수업을 본격적으로 하기 시작한 것은, 2011년 아이들과 함께 연산을 만든 수학자들을 조사하고 발표하면서부터이다. 아이들이 직접 어떤 수학자가 어떤 연산을 만들었는지 찾다 보니, 평소보다 수업 분위기가 활기를 띠긴 했지만, 중요한 연산 문제를 하나 더 풀었다거나 수식을 하나 더 배운 것은 아니었다. 그런데 흥미로운 것은 그다음부터 벌어졌다. 이 수업에 참여했던 아이들의 부모들이 내게 감사 인사를 해 온 것이다. "원장님, 우리 애가 스스로 수학책을 펴더라고요~!" "원장님, 우리 ○○가 수학 학원 매일 가고 싶다고 난리예요!" 스스로 수포자라고 선언 아닌 선언을 한 아이들이 적극적으로 수학을 공부하기 시작한 것이다. 이렇게 '움직이는 교실'의 효용성은 만천하에 증명되었고, 아이를 이 수업에 수강시키기 위해 많은 초등 부모들이 내게 상담을 요청해 왔다.

내가 수십 년간 고수해 온 수학 교육의 목표는 현실적이고 실제적인 문제 상황에서 아이들이 수학적 사고력을 발휘해 문제해결능력을 키우는 것이다. 예를 들어, 4명의 아이들이 피자 한 판을 같은 크기로 2조각씩 나눠 먹으려면 피자를 몇 조각내야 하는지처럼 특정 상황을 아이들에게 제시하여, 그들이 스스로 나눗셈을 적용해 볼 수 있는 상황을 만들어 주는 것이다. 이러한 학습법은 아이와 책상에 앉아 수십 번 나눗셈 원리를 배우는 것과는 비교되지 않을 정도로 학습 효과가 크다.

이처럼 움직이는 교실은 문제중심학습을 기반으로 학생 스스로 문제를 해결하도록 환경을 만들어 주는 동시에 학습적 결과물을 내도록 돕는다는 원칙에 따라 설계되었다. 나는 학생들과 함께한 지난 20년 동안 수학이 우리 삶의 질을 직접적으로 높여주는 필수적인 학문이라는 것을 느끼고, 움직이는 교실을 확장하기 위해 매진했다. 덕분에 내가 가르친 학생들은 일상생활 속 숨겨진 수학의 원리를 발견하며 문제해결능력을 기를 수 있었고, 최대의 학습 효과를 결과로 보여 주었다.

물론 시행착오도 많았다. 우선 아이들의 수업 참여도를 높이는 것은 교사만 열심히 한다고 되는 일이 아니었다. 반 학생 모두 협동적으로 움직여야 학습 효과를 낼 수 있다. 단, 이러한 학습 성취를 이루면 그 효과는 무한대였다. 초등학생 때 반드시 배우고 넘어가야 할 수학적 지식을 갖춘 아이는 중학교에 입학해서는 수행평가와 지필평가에 강한 학생으로, 고등학교에 입학해서는 서술형평가에 강한 학생으로 성장해 그 탁월함을 증명했다.

나는 이 효과를 극대화하기 위해 학년별로 '움직이는 교실' 수업을 설계했다. 맨 먼저 초등학교 1~2학년을 대상으로는 수학의 즐거움과 함께 학습 태도를 잘 형성할 수 있는 수업을 만들었다. 그다음 초등학교 3~4학년을 대상으로는 학습의 알고리즘을 이해하며, 자신이 공부해야 할 것을 스스로 찾아가는 자기주도학습력을 키울 수 있도록 수업을 설계했다. 그리고 초등학교 5~6학년을 대상으로는 일상에서 수학적 원리를 읽어내는 능력과 함께 중학교 수행평가에 대비해 문해력을 최대로 끌어올리는 수업을 만들었다. 이렇게 6년 동안 쌓은 학습력은 아이가 중학교, 고등학교에 진학하며 큰 힘을 발휘한다. 그러나 이렇게 만반의 준비를 하더라도 학습에 누적 결손이 생길 수 있는 법! 부모가 놓치지 말아야 하는 것은 아이가 초등학교를 졸업하기 전에, 이 누적 결손을 채울 마지막 기회를 잡는 것이다. 그리고 그 방법이 바로 이 책에 모두 담겨 있다.

움직이는 교실은 일상에서 쉽게 구할 수 있는 재료(교구)나 주변 환경을 이용하여 교과 수학과의 연계점을 찾아 문제를 해결하는 활동학습을 기본으로 한다. 게다가 아이 스스로 학습 자료를 만들며, 이를 통해 발표하는 시간도 갖기에 그 과정에서 재미있게 학습할 수 있다. 게다가 중학교 수행평가의 대비로도 안성맞춤이다. 다만, 여기서 핵심은 아이가 학습활동 후, 이와 연계된 단원의 문제를 푸는 과정을 꼭 거쳐, '습熟'의 시간을 갖도록 부모가 이끌어줘야 한다는 것이다.

그럼 이제, 학년별로 집에서 활용할 수 있는 움직이는 교실에 대해 살펴보자. 학년에 따른 순서에 개의치 말고, 차근차근히 해 보는 게 중요하다. 만약 자기 학년의 학습활동을 수행하는 데 아이가 어려움을 토로한다면, 아래 학년의 학습활동부터 시작해 보는 것도 좋다. 움직이는 교실에서 가장 중요한 것은 아이가 즐겁게 학습하는 것이다. 그렇게 쌓은 학습경험을 통해서만 수학적 직관력과 논리적 사고력을 키울 수 있기 때문이다.

예를 들어, 1학년 1학기에 처음 배우는 것은 1부터 9까지의 수를 읽고 쓰는 방법이다. 여기에 해당하는 움직이는 교실의 학습 목표는 아이가 순서에 따라 일과를 적으면서 수의 개념을 터득하는 것으로, 여기에서 해 볼 수 있는 워크지는 '시간에 따라 일과의 순서를 적어보기'이다. 여기서 워크지란 학습 목표를 통해 배운 수학 원리를 일상에서 활용해 보는 일종의 활동 수첩으로, '움직이는 교실' 수업에서 '학습활동 전 – 학습활동 중 – 학습활동 후' 과정에 새로 배웠거나 터득한 내용을 기록하는 것이다. 나는 이 워크지를, 초등학교 수학 교과서의 '수학 교사용 지도서'가 제시한 ① 문제의 이해단계, ② 해결 계획의 수립단계, ③ 계획의 실행단계, ④ 반성단계를 염두에 두고 만들었다. 그동안 내가 많은 아이들과 활용한 워크지 활동 내용을 이 책에 모두 담으니, 그 내용을 많은 부모와 아이들이 가정에서 적극적으로 활용했으면 한다(부모와 아이가 새로운 워크지 활동을 만들어 가도 좋다).

많은 아이들이 내게 묻는다. "선생님, 수학을 왜 배워야 해요?" 그럼 나는 이렇게 대답한다. "수학을 알면, 세상의 비밀들을 알 수 있거든!" 나는 아이가 수학을 왜 배워야 하는지 생각하기 시작했다면, 그 아이는 수학을 잘하는 아이, 수학을 좋아하는 아이로 성장할 수 있다고 본다. 수학의 진정한 쓰임에 관해 스스로 고민해 보기 시작했다는 증거이니 말이다. 나는 "연산 문제를 많이 풀어라, 개념 설명을 귀 기울여 들어라" 등과 같은 조언도 이 책을 통해 부지런히 할 예정이지만, 그 무엇보다 중요하게 선행되어야 할 것은 아이가 일상에서 수학의 원리를 깨치고, 그 과정을 즐거워해야 한다는 것이다. 이 점은 아무리 강조해도 지나치지 않다.

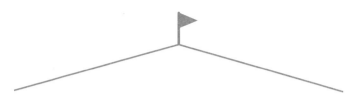

수학이 주는 특혜,
삶의 지혜를 만드는 힘!

초등학생인 자녀에게 수학을 어디서부터 어디까지, 어떻게 가르쳐야 할지 고민하는 부모라면, 제일 먼저 이것부터 생각해 보면 좋을 것 같다. 우리 아이가 수학을 공부한다면, 인생에서 어떤 이점을 누릴 수 있는지 말이다. 부모가 이 지점부터 고민하기 시작한다면, 아이에게 수학을 공부해야 하는 '동기'를 마련해 줄 수 있을 것이다.

우리 아이들이 수학을 공부해야 하는 이유는 여러 가지가 있겠지만, 내가 생각하는 이유는 크게 세 가지이다. 첫째, 수학을 공부하면 논리적 사고력을 키울 수 있다. 이 능력은 일상생활 속에서 문제를 이해하고, 분석하고, 논리적으로 해결하는 힘으로, 예측이 불가능한 문제 상황에서 침착하게 답을 찾아가도록 돕는다. 이것은 장기적으로 삶에 결정적인 영향을 주기 때문에 아이의 삶의 질을 높여줄 수 있다. 가까운 예를 한번 살펴보자.

나는 아이들이 수업에 늦을 때면, 그로 인해 아이가 볼 손해와 주변에 끼치는 피해를 돈으로 계산해 알려준다. 일종의 벌금이라고 할 수 있는데, 이에 대한 개념을 가진 아이와 그렇지 않은 아이를 비교해 보면, 분명히 다른 태도를 보인다. 예상되는 결과지만, 전자의 아이는 수업에 늦지 않고, 10분 남짓 미리 와서 수업 준비를 한다. 교재나 준비물, 예·복습까지 놓치는 것이 하나도 없다. 반면 후자의 아이는 어떠할까? 잦은 지각에 학습력은 점차 떨어지고, 심지어 주변 아이들에게 피해를 주기도 한다.

둘째, 수학을 공부하면 뇌에 지속적인 자극을 주어서 뇌를 활성화시킨다. 한 사례로, 영재교육원에서는 아이들의 뇌를 훈련시키기 위해, 아이들에게 어려운 수학 문제를 풀게 한다. 익숙하고 쉬운 문제만 풀다 보면 뇌의 기능이 점점 떨어지는 반면, 어려운 문제를 풀면 답을 구하기 위해 고민하는 과정에서 아이의 뇌 기능이 올라가기 때문이다.

셋째, 수학을 공부하면 공부의 효율성을 극대화할 수 있다. 우리 인간의 뇌는 컴퓨터의 저장공간과 같다. 눈에 보이지는 않지만, 개인이 자료를 분류해 정리한 수많은 폴더가 머릿속에 있다. 이때 폴더가 산만하게 흩어져 있거나 정리되어 있지 않다면, 필요한 자료를 적재적소에 활용하기 어렵다. 바로, 이런 사람을 가리켜 산만하다고 표현하기도 하는데, 수학을 공부하면 이러한 머릿속 폴더를 자유자재로 정리하고 활용할 수 있다. 학생이라면 공부의 효율성을 극대화할 수 있고, 성인이라면 업무의 효율성을 극대화할 수 있다.

나는 이 세 가지 능력을 아이들이 손에 쥘 수 있었으면 한다. 초등 수학을 포기한 부모와 아이 모두 수학에 흥미를 느끼는 것은 물론 고득점을 얻어 목표하는 바를 이룰 수 있도록 나는 최선을 다해 도울 것이다.

물론 부모와 아이가 마음먹었다고 해서, 이 세 가지 능력을 뚝딱 만들 수 있는 것은 아니다. 그러나 분명한 건, 이러한 능력들을 다듬고 최적화할 수 있는 시기가 바로 초등학생 때라는 것이다. 아이들이 일상에서 매일 만나는 수학 이론과 활동 수학은 아이들의 수학적 사고력을 무한대로 끌어올려줄 것이다.

학년별 개념만 깨쳐도
승부수를 띄울 수 있다

학년별 수업을 시작하기에 앞서, 각 학년에서 우리 아이들이 무엇을 배우고, 어떤 개념을 깨치고 넘어가야 하는지 살펴보고자 한다. 그런데 불현듯 드는 생각이 있을 것이다. 학교나 학원에서 선생님들이 아이가 배워야 할 단원이나 진도를 챙겨 주는데, 굳이 부모까지 알아야 할 필요가 있을까, 하는 생각. 그런데 그렇지 않다. 다음의 사례를 한번 살펴보자.

공부를 잘하는 아이들을 보면, 학교나 학원에서 무엇을 배울지 스스로 알고 있다. 그래서 누가 챙기지 않아도 알아서 과목별로 예습과 복습을 한다. 그럼 이 아이들의 부모들은 아이가 스스로 하고 있기 때문에, 학습의 모든 과정을 아이에게 일임하고, 아이가 학교나 학원에서 무엇을 배우는지, 지금 수업 진도는 어디까지 나갔는지 등에 관심을 가지지 않을까? 아니다. 공부 잘하는 아이들의 부모는 아이가 학교와 학원에서 무엇을 배우고, 무엇을 배울 것인지 과목마다 빠삭하게 알고 있다. 단지 아이가 혼자 힘으로 모르는 부분도 그냥 넘어가지 않고, 완벽하게 공부하고 있기 때문에 간섭하지 않을 뿐이다.

그럼, 아이가 스스로 진도를 챙기지 못하는 경우라면, 어떻게 해야 할까? 부모가 꼼꼼히 챙겨야 한다. 어쩔 수 없다. 아이가 타고나길 자기주도학습이 되는 아이였다면 이야기가 달랐겠지만, 그런 아이는 세상에 없다. 앞서 예를 든 공부를 잘하는 아이도 부모의 주도하에 스스로 학습 과정을 챙기는 학생으로 변화한 것이다. 이 점을 꼭 유념하여, 어렵더라도 부모가 아이의 학습 과정을 꼭 파악하고 있어야 한다.

다음 표는 그 과정에서 조금이라도 도움이 되고자 학년별 교과단원을 정리한 것으로, 자세한 내용은 각 학년에 따라 순차적으로 다루도록 하겠다.

🎓 초등 수학 전 학년, 개념 길라잡이

1학년 1학기	1학년 2학기	2학년 1학기	2학년 2학기
1. 9까지의 수	1. 100까지의 수	1. 세 자리 수	1. 네 자리 수
2. 여러 가지 모양	2. 덧셈과 뺄셈(1)	2. 여러 가지 도형	2. 곱셈구구
3. 덧셈과 뺄셈	3. 여러 가지 모양	3. 덧셈과 뺄셈	3. 길이 재기
4. 비교하기	4. 덧셈과 뺄셈(2)	4. 길이 재기	4. 시각과 시간
5. 50까지의 수	5. 시계 보기와 규칙 찾기	5. 분류하기	5. 표와 그래프
	6. 덧셈과 뺄셈(3)	6. 곱셈	6. 규칙 찾기

3학년 1학기	3학년 2학기	4학년 1학기	4학년 2학기
1. 덧셈과 뺄셈	1. 곱셈	1. 큰 수	1. 분수의 덧셈과 뺄셈
2. 평면도형	2. 나눗셈	2. 각도	2. 삼각형
3. 나눗셈	3. 원	3. 곱셈과 나눗셈	3. 소수의 덧셈과 뺄셈
4. 곱셈	4. 분수	4. 평면도형의 이동	4. 사각형
5. 길이와 시간	5. 들이와 무게	5. 막대그래프	5. 꺾은선그래프
6. 분수와 소수	6. 자료의 정리	6. 규칙 찾기	6. 다각형

5학년 1학기	5학년 2학기	6학년 1학기	6학년 2학기
1. 자연수의 혼합계산	1. 수의 범위와 어림하기	1. 분수의 나눗셈	1. 분수의 나눗셈
2. 약수와 배수	2. 분수의 곱셈	2. 각기둥과 각뿔	2. 소수의 나눗셈
3. 규칙과 대응	3. 합동과 대칭	3. 소수의 나눗셈	3. 공간과 입체
4. 약분과 통분	4. 소수의 곱셈	4. 비와 비율	4. 비례식과 비례 배분
5. 분수의 덧셈과 뺄셈	5. 직육면체	5. 여러 가지 그래프	5. 원의 넓이
6. 다각형의 둘레와 넓이	6. 평균과 가능성	6. 직육면체의 겉넓이와 부피	6. 원기둥, 원뿔, 구

수학 잘하는 아이는 외우지 않습니다

수학 시험 만점을 위한
행동강령

앞서 강조한 것처럼 수학의 개념을 알고 논리를 이해하는 것도 중요하지만, 당장 눈에 보이는 결과물, 즉 점수도 중요한 법이다. 고득점은 열심히 아이를 지원한 부모에게 보상이 될 뿐만 아니라 열심히 공부한 아이에게도 커다란 성취감을 선사한다. 이러한 경험이 차곡차곡 쌓여야 앞으로 더욱 힘을 내 공부할 수 있는 것이다.

연장선에서 이야기하면, 내게 아이의 수학 공부를 의뢰하는 학부모들의 요청사항은 동일하다. 빠른 시간에 아이의 수학 성적을 끌어올리는 것. 그럼 나는 우선, 아이에게 학습준비가 얼마나 되어 있는지부터 확인한다. 전문용어로 말하면 학습 정서(공부 습관)를 확인해 보는 것이다. 이 학습 정서는 상당히 중요하다. 정도에 따라 학습법과 시험 준비 방법, 시험 준비 기간 등이 모두 달라지기 때문이다. 한 예로, 학습 정서가 매우 부족한 학생은 시험을 치기 전, 8회 정도 단원평가를 보고 각각 오답노트를 작성하게 한다. 그다음 학습 정서가 보통인 학생은 4~5회, 우수한 학생은 3~4회, 매우 우수한 학생은 2~3회 정도로 시험 전 대비평가를 진행하게 한다.

이에 맞춰 내가 수십 년 동안 아이들을 가르치며 만든 '수학 시험 만점을 위한 행동강령'이 있다. 바로 학년에 따라 아이가 갖추고 있는지 확인해야 하는 공부 습관이다. 무조건 열심히 한다고 해서 성적이 오르지는 않는다. 좋은 성적 뒤에는 좋은 공부 습관이 뒷받침되어 있다. 우리 아이가 그러한 습관들을 갖추고 있는지, 혹 부족한 습관은 무엇인지 확인하면서 보완해 갈 수 있도록 각 학년에 따라 체크해 볼 행동강령 리스트를 담아 보았다.

나는 이 자료를 기초로 수업을 시작하기 전에 아이의 성향과 공부 습관을 파악한 다음, 수업 진도 및 과제 분량을 조정하여 아이가 빠른 시간 내에 올바른 공부 습관을 갖추어 성적을 올릴 수 있도록 돕고 있다.

다음의 세 가지 표는(1~2학년, 3~4학년, 5~6학년) 교육청에서 제시한 '학년별 학습 전 습관 형성'을 토대로 내가 10년 이상 활용하며 현실 교육에 맞추어 조율한 것이니, 초등학교 부모님들이 적극적으로 활용했으면 한다. 완성은 없다. 미생이 완생이 되는 그날까지 수고하는 것이 우리 부모의 역할 아니겠는가?

수학 잘하는 아이는 외우지 않습니다

만점을 위한 1~2학년 행동강령

　초등학교 1~2학년은 발육에 맞추어 공부 자세를 잡는 중요한 시기이다. 학교 수업 시간뿐만 아니라 숙제나 예·복습 등을 하기 위해 일정 시간 앉아 있어야 하는 이때, 바른 자세로 앉아 있어야 몸도 아프지 않고, 집중력을 최대한 오랫동안 유지할 수 있기 때문이다(이 시기에 형성한 않는 습관은 성인까지 이어진다). 다시 한번 강조하지만 좋은 공부 습관은 좋은 자세에서 출발한다.

　다음의 표는, 10개 항목으로 구성되어 있다. 학습 정서 1 '과제를 할 때 스스로 책상 정돈을 할 수 있다'부터 학습 정서 10 '친구들과 의사소통하는 데 문제가 없다'까지 항목별 내용을 살펴보고, '매우 우수, 우수, 보통, 노력, 매우 노력'에 맞추어 체크하면 된다.

　초등학교 1~2학년은 이제 막 학습을 시작하는 나이로, '매우 노력'해야 하는 항목이 많더라도 낙담할 필요가 없다. 이제부터 시작이다. 아이가 좋은 학습 정서를 형성하는 데 집중하지 못하더라도 부모가 인내심을 가지고 아이 옆에서 응원해 준다면, 아이의 학습 태도는 점점 나아질 것이다. 단, 핵심은 일정 기간을 두고 규칙적으로 이 체크리스트를 살펴보며, 아이의 습관이 어떻게 형성되고 있는지 확인하는 것이다. 점수 결과는 50~46점(매우 우수), 45~36점(우수), 35~26(보통), 25~16점(노력), 15~10점(매우 노력)으로 매기면 된다.

초등학교 1~2학년	항목	매우 우수 (5점)	우수 (4점)	보통 (3점)	노력 (2점)	매우 노력 (1점)
학습 정서 1	과제를 할 때 스스로 책상 정돈을 할 수 있다.					
학습 정서 2	학습을 하기로 한 시간을 기억한다.					
학습 정서 3	학교 준비물은 스스로 챙긴다.					
학습 정서 4	(책상과 의자 사용 시) 학습할 때 언제나 바른 자세이다.					
학습 정서 5	스스로 책을 정독하여 읽는다.					
학습 정서 6	학교에서 이루어지는 학습에 흥미를 가진다.					
학습 정서 7	가위와 풀 등 손을 활용한 만들기를 좋아한다.					
학습 정서 8	한글을 읽고 쓰는 데 어려움이 없다.					
학습 정서 9	평소에 수를 넣어서 이야기하거나 양을 쉽게 어림할 수 있다.					
학습 정서 10	친구들과 의사소통하는 데 문제가 없다.					

※ 학습 정서: 학습하기 좋은 감정 상태와 학습을 시작하는 데 있어 어려움이 없는 마음의 자세.

수학 잘하는 아이는 외우지 않습니다

만점을 위한 3~4학년 행동강령

아이가 초등학교 3~4학년이 되면 반드시 점검해야 할 부분이 있다. 바로 아이 스스로 자신이 무엇을 모르고, 무엇을 아는지 표현할 수 있는가이다. 이 점은 매우 중요한데, 아이가 학교에서 배우는 학습 내용과 진도를 스스로 기억하고, 그중 부족한 부분이 있다면 보충하려는 의지를 가지고 있는지 확인할 수 있는 작업이기 때문이다. 여기에서 학업 변별력이 생기는데, 혹 확인하는 과정에 아이가 머뭇거리더라도 재촉하거나 화를 내서는 안 된다. 부모가 감정을 제어하지 못하고 아이를 윽박지르는 순간, 아이는 학교생활뿐만 아니라 공부에도 완전히 흥미를 잃게 될 것이다.

그리고 한 가지 더, 아이가 3~4학년이더라도 1~2학년의 행동강령 항목을 꼭 확인해 보길 바란다. 왜냐하면 1~2학년 때 갖춰야 할 공부 습관을 제대로 체화하지 못한 채 3~4학년의 행동강령을 아이에게 주입한다면, 학습 정서를 높이기는커녕 공부에 대한 반감만 유발할 것이다. 무엇이든 기초가 제일 중요하다.

초등학교 시기는 공부 정서를 만드는 동시에 아이의 신체와 마음이 형성되는 소중한 때이다. 종종 아이가 부모의 의지대로 따라와 주지 않을 때, 부모들이 많이 속상해하는데, 너무 낙담하지 않았으면 한다. 동전의 양면처럼 아이의 성향과 습관이 바뀌는 시기가 초등학교 1~6학년 때라는 것을 기억하며 조급해하지 말고, 아이를 지원하고 응원해 주자!

초등학교 3~4학년	항목	매우 우수 (5점)	우수 (4점)	보통 (3점)	노력 (2점)	매우 노력 (1점)
학습 정서 1	등교하는 시간에 맞추어 스스로 기상한다.					
학습 정서 2	학교나 학원 과제를 완성하는 것에 집중한다.					
학습 정서 3	학교와 학원의 수업 시작시간과 종료시간을 알고 있다.					
학습 정서 4	책을 읽고 독서록을 쓰는 것을 즐긴다.					
학습 정서 5	수학익힘책의 오답을 스스로 수정할 수 있다.					
학습 정서 6	학교의 단원평가 일정을 알고 있다.					
학습 정서 7	필요하다고 느끼면 주말에도 스스로 공부한다.					
학습 정서 8	수학에서 배운 내용을 일상생활에서 말하거나 활용한다.					
학습 정서 9	좋아하는 운동이 있다.					
학습 정서 10	부모님과 선생님께 감사한 마음을 표현한다.					

수학 잘하는 아이는 외우지 않습니다

만점을 위한 5~6학년 행동강령

일반적으로 초등학교 5~6학년이 되면, 아이 스스로 학습에 대한 책임감을 형성한다. 이때 부모가 유념해 살펴볼 것은 아이가 혼자 힘으로 숙제를 해결하는지, 학습준비물부터 학교 일정까지 정확히 알고 준비하며 과목별 진도 상황까지 파악하고 있는가이다. 학습에 대한 아이의 책임감과 자신감을 두루 살펴볼 수 있는 시기인 셈이다.

한 가지 더 중요한 항목이 있는데 바로, 또래 집단과의 친밀도이다. 이 시기에 형성하는 또래 집단 간의 관계는 여러 면에서 중요하다. 우선 초등 수행평가(학생이 수업을 통해 배운 지식이나 기능을 다양한 결과물로 나타내는 평가)가 진행되는 학교가 많다 보니, 조별 활동이 많아져 친구들과 소통해야 하는 일이 많다. 이때 아이의 교우관계가 원활하지 못하면, 그 스트레스는 온전히 아이의 몫으로 돌아간다. 따라서 자녀의 일과표를 아이와 함께 만들 때, 공부하는 시간 못지않게 친구들과 소통하는 시간도 중요하다는 것을 잊지 말아야 한다.

다음은 내게 학업 상담을 요청하는 부모님들께 꼭 드렸던 조언이다. 2025년 시행될 고교학점제는 학생이 진로를 일찍 정할수록 좋은 성과를 낼 수 있게 하는 평가 체제이다. 따라서 초등학생 시절부터 아이가 스스로 무엇을 좋아하고, 어떤 일을 하고 싶은지 자신의 미래를 고민해 볼 수 있는 간접경험을 다양하게 해 보는 것이 중요하다. 그중 내가 추천하는 간접경험은 독서이다. 특정 기관에서 선정한 책이라거나 부모가 골라주는 책이 아닌, 아이가 서점이나 도서관에서 직접 고른 책을 스스로 읽도록 하는 것이 가장 좋다.

　이때는 슬그머니 아이에게 사춘기가 찾아오는 시기이기도 하다. 부모가 아이의 생각을 존중하지 않으면, 부모와 자녀 사이가 멀어지는 건 시간문제다. 게다가 부모가 아이의 일상에 많이 개입할수록, 아이는 부모에게 더욱 의존하게 되어 성인이 되어서도 모든 선택과 책임을 부모에게 떠넘기게 될 수도 있다. 따라서 짧은 시간이더라도 매일 자녀와 대화하는 루틴을 만들기를 추천한다. 주제는 공부, 아이가 좋아하는 연예인, 친구 등 다양할수록 좋다. 이야기 주제가 다양할수록 아이는 부모에 대한 신뢰를 무한히 키워갈 것이다.

　단, 유념할 것은 아이에게 공부 습관이 생겨 스스로 공부한다고 해서, 모든 학습 과정을 아이에게 맡겨서는 안 된다는 것이다. 간혹 이러한 부모의 태도를 아이들은 무관심으로 읽고 엇나가기도 하기 때문이다. 이 시기 아이들은 "이제 나는 다 컸으니 내가 알아서 할 수 있어!"라고 선전포고 아닌 선전포고를 하지만, 마음속 깊이는 언제나 부모라는 울타리 안에 자신이 있기를 바란다. 따라서 아이가 고학년이 되더라도 적절한 관심을 보여줄 필요가 있다.

초등학교 5~6학년	항목	매우 우수 (5점)	우수 (4점)	보통 (3점)	노력 (2점)	매우 노력 (1점)
학습 정서 1	학교 과제를 해결하는 것을 1순위로 생각한다.					
학습 정서 2	학교 수학 단원평가에 필요한 시험 준비를 한다.					
학습 정서 3	좋아하는 과목이 수학이다.					
학습 정서 4	좋아하는 과목이 국어이다.					
학습 정서 5	읽고 싶은 책이 있으면 사거나 빌려 읽는다.					
학습 정서 6	학교 시험 외 수학 및 국어 시험을 본 경험이 있다(경시대회 등).					
학습 정서 7	매 주말에 자기주도학습을 한다.					
학습 정서 8	지각하지 않는다.					
학습 정서 9	좋아하는 운동을 꾸준히 2년 넘게 하고 있다.					
학습 정서 10	학교나 학원에서 배운 내용을 가족들에게 이야기한다.					

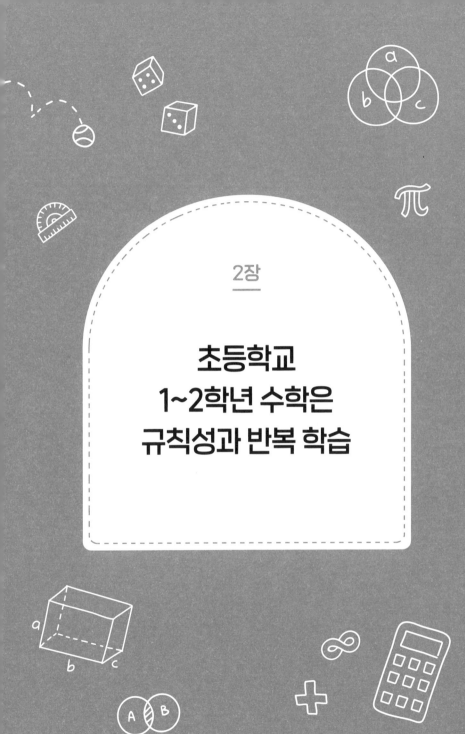

2장

초등학교
1~2학년 수학은
규칙성과 반복 학습

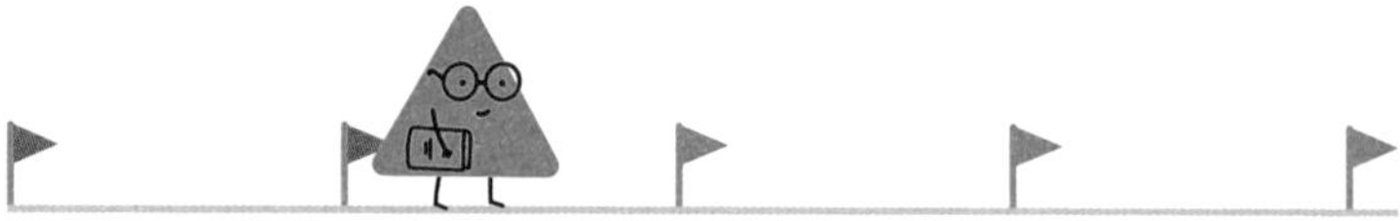

학습의 기초를 닦는 시기

초등학교 1~2학년의 교과과정은 학교생활이 처음인 아이들이 학교에 잘 적응할 수 있도록 돕는 것을 목표로 한다. 사회에 첫발을 들이는 과정이라고 해야 할까? 그래서 이 시기에는 아이의 학교생활과 가정생활이 잘 연계되는 것이 중요하다.

초등학교 입학 전, 대부분의 부모와 아이는 유치원을 다닌 경험을 바탕으로 학교생활을 준비하지만, 그 정도는 확연히 다르다. 학교에서는 무엇이든 아이가 혼자, 스스로 해야 한다. 그래서 아이들이 느끼는 불안은 부모가 느끼는 불안보다 클 수밖에 없다. 나는 이 점을 고려해 아이의 학습 효능감을 끌어올릴 방법을 소개하고자 한다.

본격적으로 다루기에 앞서 당부를 드리자면 각 내용을 꼼꼼히 확인해 아이가 학교생활을 건강하게 해 나갈 수 있도록 부모가 많은 지원을 해야 하지만, '혹시나 내가 아이에게 부족한 부모면 어쩌지' 하는 고민일랑 접어두길 바란다.

이제 막 초등학교에 입학한 아이가 느낄 불안을 최소화하고 학습력의 바탕을 만들기 위해서는 첫째, 아이에게 학교생활은 즐거운 일상이 되어야 한다. 학교생활의 즐거움이 학습의 즐거움으로 이어지기 때문이다. 따라서 아이가 초등학교 저학년일수록 학교생활이 어땠는지 아이에게 자주 물어봐야 한다. 어렵겠지만, 부모가 좀 더 예리하게 아이의 상태를 관찰하여 아이가 고민하는 내용이 무엇인지 주의 깊게 살펴보고, 아이가 겪는 어려움을 함께 고민하고 해결해 가야 한다.

둘째, 아이가 일정 시간 동안 바른 자세를 유지할 수 있도록 훈련시켜야 한다. 바른 자세는 평생의 경쟁력이다. 공부 잘하는 아이들에게는 여러 가지 공통점이 있는데, 그중 하나가 바른 자세로 앉아 공부하며, 자기 주변을 스스로 정리할 줄 안다는 것이다. 반면 이 시기 아이들의 부모가 흔히 하는 실수 중 하나가, 공부를 시작한 지 얼마 지나지 않아 아이가 바른 자세를 유지하기 힘들어하거나 하품을 하는 등 산만한 모습을 보이면, 안쓰러운 마음에 "힘들면 그만할까? 다음에 할래?"라며 아이의 집중력을 더 흩뜨리는 것이다. 근데 이때 부모의 마음이 약해지면 안 된다. 이 시기에 아이들은 끈기와 규율을 배운다. 즉, 약속한 일정 시간에 바른 자세를 유지하며 자신이 해야 하는 몫을 마쳐야, 자기가 하고 싶은 일을 할 수 있다는 걸 배워야 한다. 따라서 부모의 약해진 마음이 아이의 학습력에 방해가 될 수도 있다는 점을 명심하자.

셋째, 아이의 어휘력을 키워줘야 한다. 이 시기 아이들은 부모와 나누는 언어의 질과 양에 비례해 어휘력을 형성한다. 하루 일과에 관해 부모와 충분히 대화하고, 작은 것이라도 제 생각을 또렷하게 이야기할 줄 아는 아이는 어떤 과목에서든지 남다른 문해력을 발휘한다. 그렇다면 이 어휘력을 키우기 위해서는 무엇을 해야 할까? 바로 독서다. 책을 많이 읽는 아이들은 어휘력이 느는 속도와 비례해 사고력 또한 느는데, 이 사고력은 모든 과목에 연계되어 학습력을 높인다. 따라서 아이가 한 살이라도 어릴 때 독서하는 습관을 기를 수 있도록 도와주는 것이 중요하다.

넷째, 아이의 수학 학습력을 길러줘야 한다. 이 능력은 수학적 사고력이라고도 할 수 있는데, 이 사고력은 모든 공부의 근간이 된다. 다시 말해, 수학적 사고력을 가진 아이들은 다른 과목을 공부할 때 학습 효과를 배로 낸다. 이것은 내가 수많은 아이를 가르치며 얻은 학습 데이터를 바탕으로 이야기하는 것이다. 다만, 주의할 점은 수학 학습력을 단순히 빠르게 수학 문제를 푸는 능력으로 오해하는 부모들이 종종 있는데, 그렇지 않다. 수학 학습력이란 한 문제를 풀더라도 아이 스스로 문제를 읽고, 풀이를 정확히 할 수 있으며 유사 문제를 직접 만들어 볼 수 있는 능력을 말한다. 결과적으로 천천히 사고하며 문제를 푸는 아이를 가리켜 수학적 학습력, 수학적 사고력을 갖춘 아이라고 말할 수 있는 것이다.

이렇게 초등학교 1~2학년 때는 아이가 공부하는 습관을 조금씩 익혀갈 수 있도록 환경을 조성하고, 도와주는 게 가장 중요하다. 부모의 과도한 욕심이 도리어 아이가 공부에 흥미를 잃는 요인이 될 수 있다는 것을 늘 기억하자.

초등학교 1~2학년 아이들은 학교생활을 시작하며 규칙성과 통제감을 경험하게 된다. 이때 부모가 아이에게 시간을 어떻게 써야 하는지 잘 알려주어야, 아이가 규칙적인 생활과 통제에 반감을 느끼지 않고, 부모와 자식 간의 쓸데없는 감정싸움을 피할 수 있다. 그럼 아이에게 시간을 어떻게 써야 하는지, 어떻게 알려주면 좋을까? 바로, 아이에게 달력을 선물하는 것이다.

달력을 통해 아이가 스스로 하루, 일주일, 한 달의 시간을 관리하도록 부모가 옆에서 도와준다면, 부모가 아이에게 괜한 잔소리를 할 일도 줄어들뿐더러, 아이는 금세 자신의 하루를 스스로 관리하는 습관을 들일 수 있다. 물론 처음에는 부모에게도 아이에게도 많은 시행착오가 필요할 것이다. 그러나 점차 아이는 시간의 흐름을 이해하고, 하루를 어떻게 보내야 자신이 계획한 일을 모두 마칠 수 있는지 몸소 느끼게 될 것이다. 이러한 경험을 쌓은 아이와 마냥 부모가 계획한 대로 지내온 아이의 학습력 차이는 어마어마하게 벌어진다. 그러니 하루라도 빨리 아이에게 달력을 선물하자.

학습 포인트는
기초부터 탄탄히

　자녀가 초등학교 1~2학년일 때는 부모도 아이도 학습에 만반의 준비를 한 상태이다. 특히 한글을 읽고 문장을 이해하는 능력과 수를 세고 연산하는 능력에 초점을 맞춰, 초등학교 입학 전 아이를 선행학습시킨 부모가 대부분일 것이다.

　반면 그렇지 않은 부모들도 있을 텐데, 너무 걱정할 필요는 없다. 이 시기에는 아이가 학교생활에 잘 적응하는 데 중점을 두고, 교과서 진도에 맞춰 아이에게 복습만 꼼꼼히 시킨다면, 초등학교 입학 전 선행학습을 한 아이들에게 뒤처지지 않고 학교 공부를 따라갈 수 있다. 다만, 부모가 수학익힘책의 교과 순서와 각 단원에서 무엇을

📐 1학년을 위한 수학 교과 학습 지도

교과서 목차	1학기: 9까지의 수, 여러 가지 모양, 덧셈과 뺄셈, 비교하기, 50까지의 수 2학기: 100까지의 수, 덧셈과 뺄셈(1), 여러 가지 모양, 덧셈과 뺄셈(2), 시계 보기와 규칙 찾기, 덧셈과 뺄셈(3)
교과서 중요 개념	수 세기, 합과 차 식 세우기, 자릿값 이해하기
교과서에 없는 중요 개념	자연수, 합과 차, 10의 보수, 시계 보기, 자리 수와 자릿값, 가장 큰 수와 가장 작은 수

📐 2학년을 위한 수학 교과 학습 지도

교과서 목차	1학기: 세 자리 수, 여러 가지 도형, 덧셈과 뺄셈, 길이 재기, 분류하기, 곱셈 2학기: 네 자리 수, 곱셈구구, 길이 재기, 시각과 시간, 표와 그래프, 규칙 찾기
교과서 중요 개념	배수, 시각과 시간
교과서에 없는 중요 개념	수직선, 등식의 성질, 1년 달력과 한 달, 길이의 기준 단위 길이

수학 잘하는 아이는 외우지 않습니다

다루는지를 아주 자세하게 알고 있어야 한다.

다음은 학년별 단원에 따라 아이가 이해하고 넘어갔는지 반드시 확인해야 하는 개념을 정리한 것이다. 예를 들어, 1학년 1학기 '9까지의 수' 단원에서 ①, ②, ③ 내용을 아이가 해낼 수 있는지 확인한 후, 부족한 부분은 반복해 학습하고 나서 다음 진도를 나갈 수 있도록 학습 상태를 확인해 보기를 권한다. 유념할 점은 내가 번호를 달아 정리한 내용은 각 단원의 핵심 개념으로 아이가 완전히 학습해야 하는 이론이기 때문에, 아이가 놓치는 부분이 없도록 부모가 옆에서 꼼꼼히 챙겨줘야 한다.

1학년 1학기

9까지의 수
① 9까지의 수를 쓰고, 수로 순서를 나타낼 수 있다.
② 9까지의 수에서 1 큰 수와 1 작은 수를 알 수 있다.
③ 9까지의 수에서 두 수의 크기를 비교할 수 있다.

여러 가지 모양
① 공 모양, 상자 모양, 둥근 기둥 모양을 찾을 수 있다.
② 공 모양, 상자 모양, 둥근 기둥 모양을 이용하여 나만의 모양을 만들 수 있다.

③ 여러 가지 모양의 특징을 설명할 수 있다.

덧셈과 뺄셈
① 그림을 보고 덧셈과 뺄셈 문제를 만들 수 있다.
② 여러 가지 방법으로 덧셈과 뺄셈을 할 수 있다.
③ 한 자리 수에서 0을 빼는 경우와 전체를 빼는 경우를 이해하고 뺄셈을 할 수 있다.

비교하기
① 길이를 비교해 "길다, 짧다"로 표현하고, 무게를 비교해 "무겁다, 가볍다"로 표현할 수 있다.
② 넓이를 비교해 "넓다, 좁다"로 표현할 수 있다.
③ 담을 수 있는 양을 비교해 "많다, 적다"로 표현할 수 있다.

50까지의 수
① 10의 가르기와 모으기를 할 수 있다.
② 50까지의 수를 10개씩 묶음과 낱개로 나타낼 수 있다.
③ 50까지 수의 순서를 알고, 크기를 비교할 수 있다.

수학 잘하는 아이는 외우지 않습니다

1학년 2학기

100까지의 수

① 10개씩 묶어 세어 100까지 수의 순서를 알 수 있다.

② 100까지의 수 범위에서 수의 크기를 비교해 부등호로 나타낼 수 있다.

③ 짝수와 홀수를 구분할 수 있다.

덧셈과 뺄셈(1)

① 받아올림이 없는 (몇십몇) + (몇십몇)의 원리를 이해하고 계산할 수 있다.

② 받아내림이 없는 (몇십몇) − (몇십몇)의 원리를 이해하고 계산할 수 있다.

③ 그림을 보고 덧셈식과 뺄셈식을 만들어 여러 가지 방법으로 덧셈과 뺄셈을 할 수 있다.

여러 가지 모양

① 여러 가지 모양을 찾을 때 모양 전체가 아닌 모양의 한 부분으로서 평면을 알 수 있다.

② 완전한 사각형, 삼각형, 원이 되지 않더라도 직관적으로 각 모양을 인식할 수 있다.

③ 같은 모양이더라도 크기, 위치, 색깔 등의 변화를 주어 다양한

예를 가지고 분류 활동을 할 수 있다.

덧셈과 뺄셈(2)

① 계산 결과가 한 자리 수인 세 수의 덧셈과 뺄셈을 할 수 있다.

② 앞의 두 수로 10을 만들어 세 수를 더할 수 있다.

③ 뒤의 두 수로 10을 만들어 세 수를 더할 수 있다.

시계 보기와 규칙 찾기

① 시계를 보고 몇 시인지 말할 수 있고, 그 시각에 하는 일을 말할 수 있다.

② '몇 시 30분'을 모형 시계에 나타낼 수 있고, 시계를 보고 30분을 말할 수 있다.

③ 수 배열표에서 규칙을 찾을 수 있다.

덧셈과 뺄셈(3)

① 여러 가지 방법으로 (몇) + (몇) = (십몇)을 표로 만들고 이를 이용해 덧셈을 할 수 있다.

② 여러 가지 방법으로 (십몇) − (몇) = (몇)을 표로 만들고 이를 이용해 뺄셈을 할 수 있다.

③ (몇) + (몇) = (십몇)과 (십몇) − (몇) = (몇)을 표로 만들고, 이를 이용하여 뺄셈을 할 수 있다.

수학 잘하는 아이는 외우지 않습니다

2학년 1학기

세 자리의 수

① 세 자리 수를 이해하고 100이 몇 개인지 세어 몇백을 이해할 수 있다.

② 세 자리 수에서 백의 자리, 십의 자리, 일의 자리의 자릿값을 각각 가진다는 것을 이해하고 각 자리의 숫자가 나타내는 값을 이해할 수 있다.

③ 뛰어 세기를 통해 세 자리 수의 계열을 알 수 있다.

여러 가지 도형

① 원, 삼각형, 사각형의 개념을 이해하고 각 도형의 특징을 설명할 수 있다.

② 삼각형과 사각형의 특징을 일반화하여 오각형과 육각형의 개념을 이해하고 구별할 수 있다.

③ 쌓기나무로 여러 가지 모양을 만들 수 있고, 위치나 방향을 이용하여 설명할 수 있다.

덧셈과 뺄셈

① 여러 가지 방법으로 받아올림이 있는 두 자리 수끼리의 덧셈과 뺄셈을 할 수 있다.

② 덧셈과 뺄셈의 관계를 식으로 나타내고, 세 수의 계산원리를

이해하고 계산할 수 있다.

③ 모르는 어떤 수를 ☐를 사용하여 덧셈식과 뺄셈식으로 나타내고, ☐의 값을 구할 수 있다.

길이 재기

① 임의 단위의 불편함을 알고, 해결할 수 있는 여러 가지 방법을 말할 수 있다.

② 표준단위인 센티미터(cm)의 편리함을 알고 읽고 쓰며, 여러 가지 물건의 길이를 재고 나타낼 수 있으며 길이의 양감을 느끼고 표현할 수 있다.

③ 길이를 재는 도구인 자의 바른 사용법을 알고, 여러 가지 물건의 길이를 바르게 잴 수 있다.

분류하기

① 분명한 분류 기준이 필요하다는 것을 이해할 수 있다.

② 정해진 기준에 따라 분류할 수 있고, 내가 정한 기준에 따라 분류할 수 있다.

③ 분류한 결과를 수로 세고, 그 결과를 말할 수 있다.

곱셈

① 여러 가지 방법으로 묶어 세기를 하고, 몇씩 몇 묶음으로 표현할 수 있다.

② 여러 가지 상황을 통해 배의 개념을 알 수 있고, 몇의 몇 배로 나타낼 수 있다.

③ 구체적인 상황에서 곱셈 문제를 해결하고, 몇의 몇 배를 곱셈 식으로 나타낼 수 있다.

2학년 2학기

네 자리의 수

① 네 자리 수를 이해하고 1000이 몇 개인지 세어 몇천을 이해할 수 있다.

② 네 자리 수에서 천의 자리, 백의 자리, 십의 자리, 일의 자리의 자릿값을 각각 가진다는 것을 이해하고 각 자리의 숫자가 나타내는 값을 이해할 수 있다.

③ 두 수의 크기를 비교한 다음 수학적 언어를 사용해 설명하고, 대소관계를 부등호로 나타낼 수 있다.

곱셈구구

① 2~9단의 곱셈구구 원리와 개념을 이해하고 문제를 해결할 수 있다.

② 1의 단 곱셈구구를 이해하고 0×(어떤 수), (어떤 수)×0을 이해할 수 있다.

③ 곱셈구구를 이용하여 곱셈표를 만들고, 곱셈의 규칙을 찾을
수 있다.

길이 재기

① 100cm가 1m라는 것을 알고, 1m가 넘는 길이를 "몇 cm,
몇 m 몇 cm"로 나타낼 수 있다.
② 두 길이의 합과 차를 구할 수 있다.
③ 다양한 어림의 전략으로 길이를 어림할 수 있으며 길이 어림
을 "약 몇 cm"라고 표현할 수 있다.

시각과 시간

① 시계를 보고 몇 시 몇 분인지 읽을 수 있으며, '몇 시 몇 분 전'
을 시계에 나타낼 수 있다.
② 1시간이 60분이라는 것을 알고 하루의 시간을 설명할 수 있다.
③ 달력을 보고 1주일, 1개월, 1년 사이의 관계를 이해할 수 있다.

표와 그래프

① 자료를 조사하여 통계적 사실을 표와 그래프로 나타낼 수 있다.

규칙 찾기

① 곱셈표에서 다양한 규칙을 찾고, 찾은 규칙을 설명할 수 있다.
② 무늬에서 규칙을 찾고 설명할 수 있으며, 규칙에 따라 무늬를

꾸밀 수 있다.

③ 물체의 배열에서 규칙을 찾고 설명할 수 있으며, 규칙에 따라
물체를 쌓을 수 있다.

서둘러 하는 연산,
천천히 하는 연산

일반적으로 부모들이 초등학교 1~2학년 아이에게 수학을 잘하도록 준비시키는 학습 과정 중 하나는 연산일 것이다. 다만, 아이의 수준을 파악한 후에 선행연산을 시켜야 하는데, 이러한 과정 없이 무작정 아이에게 연산 훈련을 시키는 경우가 대다수이다. 물론 그럼에도 불구하고 연산을 곧잘 해내는 아이들도 있다. 그런데 이러한 케이스가 가장 위험하다. 왜냐하면 연산 원리에 대한 이해 없이 무작정 속도만 낸 연산 훈련은 수학 학습의 첫 단추를 잘못 끼우는 '실'의 행위이기 때문이다.

처음에는 다른 아이들보다 계산 속도도 빠르고, 시험점수도 잘

받아와 우리 아이가 수학 영재인 것처럼 보일 수 있다. 그러나 초등학교 3학년이 되어 연산 원리를 이해해야만 풀 수 있는 응용문제를 접하게 되면, 아이는 당황하게 되고 시험에서 실수를 연발하게 된다. 그럼 결국에는 자신감을 잃게 되고, 이렇게 잃은 자신감은 회복되기가 정말 어렵다.

따라서 초등학교 1~2학년 때는 연산의 속도나 문제 풀이 위주의 학습을 목표로 세우기보다는 더디더라도 연산의 원리를 제대로 이해하는 것을 학습 목표로 해야 한다. 더불어 일상에 연산을 접목하여 아이 스스로 연산 문제를 연상하고, 문제를 풀 수 있도록 주변 환경을 만들어 준다면, 최고의 학습 효과를 얻을 수 있을 것이다. 다음은 이러한 득과 실에 기초해, 초등학교 1~2학년이 학기별로 꼭 알고 넘어가야 할 연산법에 관해 다뤘다. 이때 수학 동화책도 함께 읽는다면 이제 막 수학 공부를 시작하는 아이에게 자연스럽게 수학에 관한 흥미를 유발할 수 있을 것이다.

그럼 초등학교 1~2학년에서 반드시 깨치고 넘어가야 하는 개념은 무엇일까? 1학년은 연산, 2학년은 십진법이다. 아이의 연산 공부에 관한 부모들의 고민을 20년째 들어온 덕분에 나는 단호하게 말할 수 있다. 일단 반복적인 연산 훈련은 아이의 계산 속도를 빠르게 할 수 있을지는 몰라도, 잦은 계산 실수로 시험에서 고득점을 얻지 못하게 될 수 있다. 따라서 1~2학년 때는 많은 연산 문제를 통해 계산 속도를 올리는 것보다 한 문제를 풀더라도 십진법, 자리 수 등 풀이 과정을 꼼꼼하게 적는 연습을 반복하는 게 중요하다.

다음은 앞서 이야기한 득과 실에 따라 1학년 1학기부터 2학년 2학기까지, 수학익힘책의 단원별로 꼭 살피고 넘어가야 할 내용을 정리한 것으로, 이를 바탕으로 아이의 연산에 관한 학습 상태를 점검해 보길 권한다.

1학년 1학기

한 수로 모으고 두 수로 가르기를 통해 덧셈과 뺄셈의 의미를 이해하고, 이를 바탕으로 덧셈과 뺄셈에 관련된 여러 가지 문제를 알맞은 계산법으로 풀이하는 능력을 기른다. 이 단원에서는 두 자리 수의 범위에서 받아올림이 없는 덧셈과 받아내림이 없는 뺄셈의 계산원리를 이해하는 것이 중요하다.

> **덧셈과 뺄셈** 구체물을 통해 수의 모으기와 가르기를 해 봄으로써 덧셈과 뺄셈의 기초를 쌓고, 아이가 덧셈식과 뺄셈식을 보고, 문제를 만들 수 있는지 확인해 보자.
>
> **50까지의 수** 수 세기를 반복하여 아이가 수와 양에 대한 어림을 할 수 있게 한다. 아이가 어려워한다면, 그림을 그려서 설명하자. 더불어 새로운 언어에 익숙해지도록 교과서에서 나오는 수학 언어 표현을 일상에서 자주 사용하는 것도 도움이 된다.

1학년 2학기

두 수의 덧셈과 뺄셈을 바탕으로 한 자리 수인 세 수의 덧셈과 뺄셈을 계산하는 원리를 익히고, 이어 세기를 통한 교환법칙을 배운다. 특히 10을 이용한 수 모으기와 가르기를 바탕으로 받아올림이 있는 덧셈과 받아내림이 있는 뺄셈의 기초를 아이가 쌓을 수 있도록 교구 활동을 많이 활용하자.

덧셈과 뺄셈(1) 두 자리 수의 범위에서 받아올림이 없는 덧셈과 받아내림이 없는 뺄셈의 계산원리를 배우기에 큰 어려움은 없다. 다만 아이가 어려워한다면 가르기와 모으기를 연습하도록 한다.

덧셈과 뺄셈(2) 두 수의 덧셈과 뺄셈을 바탕으로 한 자리 수인 세 수의 덧셈과 뺄셈을 순차적으로 계산한다. 바꾸어 계산해도 답이 달라지지 않는 교환법칙도 알게 된다.

덧셈과 뺄셈(3) 받아올림과 받아내림의 기초를 쌓는 단계로 빠짐없이 학습할 수 있도록 한다.

2학년 1학기

세 자리 수를 읽고 각 자리의 숫자가 나타내는 값을 이해해 세 자리 수의 크기를 비교하고 이를 문제에 적용하여 문제해결능력을 기를 수 있도록 한다. 나아가 받아올림이 있는 두 자리 수의 덧셈과 받아내림이 있는 두 자리 수의 뺄셈을 이해하여, 여러 가지 덧셈과 뺄셈의 문제 조건에서 적절한 계산법을 선택하고 해결할 수 있는 능력을 기른다. 그다음으로 묶어 세기의 필요성을 이해하며 몇 묶음을 몇의 몇 배로 나타냄으로써 곱셈의 개념을 이해하고, 이를 기초로 곱셈식을 활용하는 문제를 해결한다.

세 자리 수 자리 수의 개념을 처음 배우는 단원으로 아이들이 어려워하는 부분이다. 부모가 인내심을 가지고 반복해 개념을 설명할 수 있도록 한다.

덧셈과 뺄셈 아이가 두 자리 수를 계산할 때 일의 자리부터 십의 자리로 순차적으로 계산하는지 확인해야 한다. 실생활에서 더하고 빼는 일이 많으면 많을수록 아이가 이 단원을 학습하는 데 많은 도움이 되기 때문에 부모가 부지런히 예를 들어 아이에게 연산 연습을 시키면 좋다.

곱셈 아이가 '몇씩 몇 묶음', '몇 배', '몇의 몇 배', '몇과 몇의 곱'의 표현을 알고 적용할 수 있도록 한다. 묶음을 설명할 때 그림을 활용하면 가르치는 부모도 쉽고, 배우는 아이도 재미있게 공부할 수 있다.

수학 잘하는 아이는 외우지 않습니다

2학년 2학기

이 단원에서는 곱셈구구의 구성원리를 이해하고, 0과 어떤 수의 곱을 알아본다. 아이에게 곱셈구구를 마냥 외우게 하기보다는 덧셈에서 곱셈이 시작된 원리를 실생활에서 찾아 반복하여 설명해 주도록 하자. 또한 길이의 표준단위인 m와 cm의 관계를 이해하고, 1m의 양감을 바탕으로 사물의 길이를 어림하여 일상에서의 문제를 해결할 수 있게 한다.

네 자리 수 네 자리 수의 큰 수를 배우는 단원으로 십의 자리, 백의 자리, 천의 자리까지 덧셈과 뺄셈을 배운다. 이때 화폐를 동전으로 환전하는 방법으로 가르치면 아이가 금세 배울 수 있다.

곱셈구구 곱셈은 같은 수가 반복적으로 더해지는 원리로, 아이에게 무작정 곱셈구구를 외우도록 시키기보다는 원리를 충분히 이해시키는 게 중요하다.

길이 재기 자리 수를 맞추는 것에서 나아가 단위도 맞추어 계산식을 적는 연습을 해야 한다. 아이가 연산에 집중하다 보면, 답을 적을 때 단위를 놓치는 경우가 많은데, 빠뜨리지 않도록 연습시켜야 한다.

응용문제 **1학년**

덧셈과 뺄셈 같다(=), 크다(>), 작다(<)를 적용하는 방법을 저울로 설명해 주세요.

문제　　☐ 안에 들어갈 수 있는 수 중에서 가장 큰 수를 구해 보세요.

$$8 > 1 + 2 + \square$$

풀이　　1. 8보다 작은 1 + 2 + 어떤 수의 합 찾기

▶ $8 > 1 + 2 + \boxed{3} = 6$ 　　　　▶ $8 > 1 + 2 + \boxed{4} = 7$

2. 과일과 저울로 예를 들어 보기

▶ 저울 한쪽에는 8kg 과일이 있고, 다른 한쪽에는 몇 kg인지는 모르나 8kg보다 가볍다는 것을 등호로 알 수 있습니다.

$8kg > 1 + 2 + 4 = 7kg$

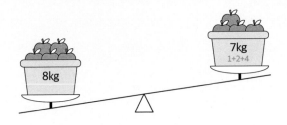

답　　4

　　　　수학 잘하는 아이는 외우지 않습니다

길이 재기 합과 차를 적용하는 상황에 관해 설명해 주세요.

문제 노끈 3개를 똑같은 매듭을 만들어 한 줄로 이었습니다. 노끈 한
개의 길이가 1m 26cm이고, 두 노끈에서 12cm씩 사용하여 한
매듭을 만들었습니다. 매듭을 묶은 후 전체 노끈의 길이는 몇 m
몇 cm인가요?

풀이 1. 줄을 보고 합과 차의 상황을 설명하기

▶ 노끈 3개의 각 길이는 1m 26cm로, 두 군데가 이어져 있습
니다.

▶ 이어져 있는 부분은 12cm씩으로 왼쪽 노끈 한쪽, 가운데 노
끈 양쪽, 오른쪽 노끈 한쪽 이렇게 두 군데가 이어져 있습니
다. 정리하면 이어져 있는 부분은 12cm씩 4군데입니다.

▶ 총길이: 1m 26cm＋1m 26cm＋1m 26cm＝3m 78cm
매듭 길이: 12cm＋12cm＋12cm＋12cm＝48cm

2. 합과 차의 식을 세우기

▶ 매듭은 묶으면 끈의 길이가 줄어들기 때문에 빼야 합니다.

3m 78cm − 48cm = 3m 30cm

답　　3m 30cm

수학 잘하는 아이는 외우지 않습니다

공부의 기초체력 키우기

아이의 공부 자신감을 키우는 힘은 과연 무엇일까? 바로, 문해력이다. 여기서 문해력이란 기초적인 읽기와 쓰기를 넘어서 '글을 읽고, 그 의미를 이해하는 능력'까지 포함하는 개념이다.

2018년 수능 만점자 30명을 대상으로 진행한 인터뷰를 보면, 그들 중 90% 이상이 자신의 공부 저력으로 '독서'를 꼽았다. 2021년 EBS는 중학교 3학년 2,405명을 대상으로 문해력 진단평가를 실시했다. 미달은 27%, 적정 수준은 35%로 나타났는데, 더 심각한 문제는 초등학교 수준에 해당하는 학생의 비율이 11%였다는 것이다. 이 말은 중학교 3학년 10명 중 1명이 초등 수준의 문해력을 가졌다는 의미이다.

지금 세계 각국에서는 아이들의 핵심 미래 역량으로 문해력에 주목하고 있다. 미국에서는 문해력을 가리켜 "학생들이 교육과정에서 반드시 교육받아야 하는 헌법적 권리"라고 언급하며, 문해력을 생존에 필수적인 역량으로 판단해 학교에서 아이들에게 집중적으로 교육하고 있다. 반면 우리나라 학생들의 교육 현황을 살펴보면, 많은 아이들이 문해력의 정도를 확인할 수 있는 응용문제와 서술형문제에서 많은 오답을 내고 있다. 추측건대 해치우기식으로 아이들이 공부하고 있기 때문일 것이다. 즉, 문제를 정확하게 이해하고 풀이하는 게 아니라 단순히 기계처럼 문제 유형을 외운 다음, 그에 맞춰 문제를 풀고 있다는 것이다.

특히, 초등학교 저학년일수록 문해력을 평가하는 문제를 푸는 데 많은 어려움을 호소한다. 엎친 데 덮친 격으로 아이가 문제를 이해할 때까지 반복해 설명하고, 유사 문제도 만들어줘야 하는 부모 역시 어렵기는 매한가지다. 여기에 도움을 주고자, 이번 챕터에서는 1~2학년 단원별로 부모와 아이가 어려워하는 서술형문제들을 소개하려고 한다. 단원에 따라 아이의 문해력을 변별하기 위해 출제되는 유형의 문제를 위주로 선별하였고, 아이에게 어떤 개념을 설명해 주어야 하는지에 관한 팁도 함께 담았다.

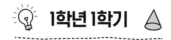

1학년 1학기

9까지의 수 '각각'이란 말의 의미를 짚어 주세요.

문제 토끼, 쥐, 닭 중에서 수가 2인 것은 무엇인지 풀이 과정을 쓰고 답을 구하세요.

풀이 1. 토끼, 쥐, 닭의 수를 각각 세어 보기

▶ 토끼의 수를 세어 보면 4, 쥐의 수를 세어 보면 3,
닭의 수를 세어 보면 2입니다.

2. 수가 2인 것은 무엇인지 구하기

▶ 수가 2인 것은 닭입니다.

답 닭

여러 가지 모양 입체 모양을 보고 공, 상자, 기둥이라고 쉽게 표현해도 좋습니다. 모양을 직접 그려보는 것도 개념을 이해하는 데 많은 도움이 됩니다.

문제 모양 중에서 가장 많이 이용한 모양은 몇 개 이용했는지 풀이 과정을 쓰고 답을 구하세요.

풀이 1. 모양을 각각 몇 개 이용하여 만든 모양인지 알아보기

► 상자 모양 1개, 둥근기둥 모양 3개, 공 모양 2개를 이용하였습니다.

2. 가장 많이 이용한 모양은 몇 개 이용했는지 구하기

► 가장 많이 이용한 모양은 둥근기둥 모양이고, 3개 이용했습니다.

답 둥근기둥 모양 3개

덧셈과 뺄셈 아이가 화살표 방향대로 문제를 읽도록 도와주세요.

문제 빈칸에 알맞은 수 중 더 큰 것의 기호를 쓰려고 합니다. 풀이 과정을 쓰고 답을 구하세요.

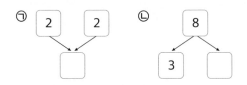

풀이 1. 빈칸에 알맞은 수 각각 구하기

▶ 빈칸에 알맞은 수는 ㉠ 4, ㉡ 5입니다.

2. 빈칸에 알맞은 수가 더 큰 것의 기호 쓰기

▶ 5가 4보다 더 크므로 빈칸에 알맞은 수가 더 큰 것은 ㉡입니다.

답 ㉡

비교하기 일상에서 '크다, 작다' '가볍다, 무겁다'와 같은 표현으로 둘 이상의 물체를 보고 비교하여 말하는 연습을 합니다.

문제   긴 줄넘기부터 차례대로 기호를 써 보려고 합니다. 풀이 과정을 쓰고 답을 구하세요.

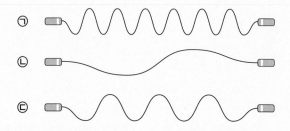

풀이   1. 더 긴 줄넘기를 찾는 방법 설명하기

▶ 줄넘기 양쪽 끝이 맞추어져 있으므로 줄이 많이 구부러져 있을수록 폈을 때 더 깁니다.

2. 긴 줄넘기부터 차례대로 기호를 써 보기

▶ 긴 줄넘기부터 차례대로 기호를 써 보면 ㉠, ㉢, ㉡입니다.

답   ㉠, ㉢, ㉡

          수학 잘하는 아이는 외우지 않습니다

50까지의 수 묶음을 뜻하는 '몇 개씩'과 낱개를 뜻하는 '몇 개'가 다른 말이라는 것을 여러 번 설명해 주세요.

문제 감을 재율이는 29개, 정주는 스물다섯 개 가지고 있습니다. 감을 더 많이 가지고 있는 사람은 누구인지 풀이 과정을 쓰고 답을 구하세요.

풀이 1. 정주가 가지고 있는 감은 몇 개인지 수로 나타내기

▶ 스물다섯은 25이므로 정주는 감을 25개 가지고 있습니다.

2. 감을 더 많이 가지고 있는 사람은 누구인지 구하기

▶ 29와 25는 10개씩 묶음의 수는 같고 낱개의 수는 9가 5보다 크므로 29는 25보다 큽니다. 따라서 감을 더 많이 가지고 있는 사람은 재율입니다.

답 재율

☀ 1학년 2학기 △

100까지의 수 아이가 크다(<), 작다(>), 같다(=)의 기호에 익숙 해질 수 있도록 연습해 주세요.

문제 젤리를 가온이는 63개 먹었고, 서빈이는 59개 먹었습니다. 젤리 를 더 많이 먹은 사람은 누구인지 풀이 과정을 쓰고 답을 구해 보 세요.

풀이 1. 63과 59의 크기 비교하기

▶ 10개씩 묶음의 수가 6 > 5이므로 63 > 59입니다.

2. 젤리를 더 많이 먹은 사람은 누구인지 구하기

▶ 젤리를 더 많이 먹은 사람은 가온입니다.

답 가온

수학 잘하는 아이는 외우지 않습니다

덧셈과 뺄셈(1) 아이에게 계산식을 소리 내어 읽어 보게 합니다. 그럼 답이 보입니다!

문제 덧셈을 해 보고 알게 된 점을 써 보세요.

$$31 + 1 = \boxed{}$$
$$31 + 2 = \boxed{}$$
$$31 + 3 = \boxed{}$$

풀이 1. 덧셈하기

▶ $31+1=32$

$31+2=33$

$31+3=34$

2. 덧셈을 해 보고 알게 된 점 쓰기

▶ 합이 1씩 커집니다.

답 합이 1씩 커진다.

아이가 여러 가지 모양을 구분할 수 있는지 확인해 주세요.

문제 찾을 수 있는 크고 작은 사격형 모양은 모두 몇 개인가요?

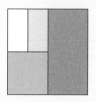

풀이 1. 크고 작은 사각형 모양 찾기

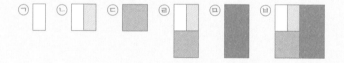

2. 모양별 사각형 개수 찾기

ㄱ 2개   ㄴ 1개   ㄷ 1개   ㄹ 1개   ㅁ 1개   ㅂ 1개

답 7개

수학 잘하는 아이는 외우지 않습니다

덧셈과 뺄셈(2) '모두'는 덧셈을 의미하는 단어라는 것을 아이가 알고 있는지 확인해 주세요.

문제   준하가 오늘 귤을 아침에 6개, 점심에 4개, 저녁에 3개 먹었습니다. 준하가 오늘 먹은 귤은 모두 몇 개인지 풀이 과정을 쓰고 답을 구해 보세요.

풀이   1. 문제에 알맞은 식 만들기

▶ 아침에 먹은 귤의 수에 점심과 저녁에 먹은 귤의 수를 더하면 되므로 6+4+3을 계산합니다.

2. 준하가 오늘 먹은 귤은 모두 몇 개인지 구하기

▶ 준하가 오늘 먹은 귤은 모두

6+4+3=10+3=13(개)입니다.

답   13개

규칙이 시작한 수부터 적어 내려가면 규칙을 찾기 쉽습니다.

문제 색칠한 수에 있는 규칙을 써 보세요.

11	12	13	14	15	16	17	18	19	20
21	22	23	24	25	26	27	28	29	30
31	32	33	34	35	36	37	38	39	40

풀이 1. 색칠한 수 적기

▶ 11 15 19 23 27 31 35 39

2. 규칙 찾기

▶ 11 15 19 23 27 31 35 39
  +4 +4 +4 +4 +4 +4 +4

답 11부터 시작하여 4씩 커진다.

덧셈과 뺄셈(3) 문제의 문장이 길다면, 문제를 풀고 난 후에 다시 한번 문제를 읽고 아이가 바르게 이해했는지 확인해 주세요.

문제 수 카드에 적힌 두 수의 차가 큰 사람이 이기는 놀이를 하였습니다. 지민이는 13과 5를 골랐고, 건률이는 16과 7을 골랐습니다. 누가 이겼을까요?

풀이 1. 각각의 식 구하기
▶ 지민 13−5=8, 건률 16−7=9

2. 차를 비교하기
▶ 지민 8 < 건률 9
두 수의 차가 큰 사람은 건률입니다.

답 건률

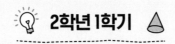

세 자리 수 수의 규칙은 각 자리 수를 비교하며 반복해 읽으면 쉽게 찾을 수 있습니다.

문제 ♥에 알맞은 수를 구하려고 합니다. 풀이 과정을 쓰고 답을 구하세요.

> 286 – 296 – 306 – ♥

풀이 1. 뛰어서 센 규칙 찾기

　▶ 286에서 296으로 십의 자리 수가 1 커졌으므로 10씩 뛰어서 센 것입니다.

2. ♥에 알맞은 수 구하기

　▶ 286 – 296 – 306 – 316에서 ♥에 알맞은 수는 316입니다.

답 316

여러 가지 도형 문제와 보기를 연결하는 게 아이에겐 낯설 수 있으니 충분히 설명해 주세요.

문제 ㉠과 ㉡이 나타내는 수를 비교해 더 큰 것의 기호를 쓰려고 합니다. 풀이 과정을 쓰고 답을 구하세요.

㉠ 오각형의 꼭짓점의 수와 원의 변의 수의 차
㉡ 삼각형의 변의 수

풀이 1. ㉠과 ㉡이 나타내는 수 각각 구하기

▶ 오각형의 꼭짓점은 5개이고, 원은 변이 없으므로 ㉠이 나타내는 수는 5-0=5입니다. 삼각형의 변은 3개이므로 ㉡이 나타내는 수는 3입니다.

2. ㉠과 ㉡이 나타내는 수를 비교해 더 큰 것의 기호 쓰기

▶ 5>3이므로 나타내는 수가 더 큰 것은 ㉠입니다.

답 ㉠

덧셈과 뺄셈 여러 가지 방법으로 답을 구할 때는 가로셈으로 가르기 모으기를 해야 합니다.

문제 42 - 18을 두 가지 방법으로 구해 보세요.

풀이 1. 42를 40 + 2로 생각하여 구하기

▶ $42 - 18 = 40 - 18 + 2 = 22 + 2 = 24$

2. 일의 자리 수를 2로 같게 하여 구하기

▶ $42 - 18 = 42 - 12 - 6 = 30 - 6 = 24$

답 ① $42 - 18 = 40 - 18 + 2 = 22 + 2 = 24$

② $42 - 18 = 42 - 12 - 6 = 30 - 6 = 24$

수학 잘하는 아이는 외우지 않습니다

길이재기 '자'로 길이를 잴 때는 '0'을 기준으로 재야 한다는 것을 아이에게 여러 번 이야기해 주세요. 그리고 길이를 적을 때는 단위를 빠뜨리지 않도록 합니다.

문제 예나가 부러진 자를 이용하여 머리끈의 길이를 재려고 합니다. 머리끈의 길이는 몇 cm인지 풀이 과정을 쓰고 답을 구하세요.

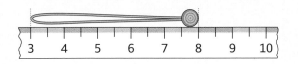

풀이 1. 머리끈의 길이에는 1cm가 몇 번 있는지 구하기

▶ 머리끈이 자의 눈금 3부터 8까지 있으므로 머리끈의 길이에는 1cm가 5번 있습니다.

2. 머리끈의 길이는 몇 cm인지 구하기

▶ 1cm가 5번 있는 길이는 5cm이므로 머리끈의 길이는 5cm입니다.

답   5cm

문제 재준이네 학급문고에 있는 책을 종류에 따라 분류하였습니다. 책 수가 종류별로 같아지려면 어떤 종류의 책을 더 사면 좋을지 써 보세요.

종류	과학	이야기	인물	만화
책 수(권)	12	9	12	12

풀이 종류별로 책 수를 비교하기

▶ 과학, 인물, 만화 책의 수는 12권으로 같습니다. 이야기 책 만 9권으로 다른 종류의 책보다 적기 때문에 이야기 책을 사는 것이 좋습니다.

답 이야기

곱셈 처음 '몇의 몇 배'라는 말을 배울 때는 개념이 생소하기 때문에, 아이에게 충분히 많은 예를 들어 주면 좋습니다.

문제 오른쪽 쌓기나무 수의 6배만큼 쌓기나무를 쌓으려고 합니다. 쌓으려고 하는 쌓기나무는 모두 몇 개인지 풀이 과정을 쓰고 답을 구하세요.

풀이 1. 쌓으려고 하는 쌓기나무의 수는 몇의 몇 배인지 구하기

► 쌓기나무는 4개이므로 쌓으려고 하는 쌓기나무의 수는 4의 6배입니다.

2. 쌓으려고 하는 쌓기나무는 모두 몇 개인지 구하기

► 4의 6배는 4×6=24로 계산하므로 쌓으려고 하는 쌓기나무는 모두 24개입니다.

답 24개

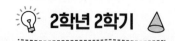

네 자리 수 '일의 자리 숫자, 일의 자리를 나타내는 수, 십의 자리 숫자, 십의 자리를 나타내는 수, 백의 자리 숫자, 백의 자리를 나타내는 수, 천의 자리 숫자, 천의 자리를 나타내는 수'를 아이가 구분하는지 확인해 주세요.

문제 백의 자리 숫자가 2인 수는 어느 것인지 풀이 과정을 쓰고 답을 구해 보세요.

> 2504   7200   3652

풀이 1. 각 수의 백의 자리 숫자 알아보기

▶ 2504 → 5, 7200 → 2, 3652 → 6

2. 백의 자리 숫자가 2인 수 구하기

▶ 백의 자리 숫자가 2인 수는 7200입니다.

답 7200

곱셈구구 문제의 문장이 길 때, 끊어읽기를 하면 식을 쓰는 게 쉽다는 것을 아이에게 알려주세요.

문제   3명씩 달리기 경기를 하여 1등은 3점, 2등은 2점, 3등은 1점을 얻습니다. 유진이네 반에는 1등이 2명, 2등이 1명, 3등이 2명 있습니다. 유진이네 반의 달리기 점수는 모두 몇 점일까요?

풀이   1. 문제를 읽으며 알게 된 내용을 정리하기

▶ 1등=3점, 2등=2점, 3등=1점

2. 정리한 내용을 바탕으로 식을 쓰기

▶ 1등: 2명 × 3점 = 6점

2등: 1명 × 2점 = 2점

3등: 2명 × 1점 = 2점

3. 달리기 점수를 모두 더하기

▶ 6 + 2 + 2 = 10(점)

답   10점

길이를 비교하는 문제는 단위를 통일해야 한다는 것을 아이에게 알려주세요.

문제 2m에 가장 가까운 길이의 줄을 가진 사람의 이름을 써 보세요.

> 시온: 내 줄은 230cm야.
>
> 하은: 내 줄은 1m 80cm야.
>
> 윤호: 내 줄은 2m 5cm야.

풀이 1. cm를 m로 바꾸기

▶ 시온: 230cm＝2m 30cm

2. 2m와 차이를 구하기

▶ · 시온: 2m 30cm－2m＝30cm

· 하은: 1m 80cm－2m＝－20cm

· 윤호: 2m 5cm－2m＝5cm

⇨ 2m에 가장 가까운 줄을 가진 사람은 차이가 가장 작은 윤호입니다.

답 윤호

시각과 시간 시계에 스티커를 붙여서 아이가 5분 단위로 읽는 것을 생활화합니다.

문제 경환이는 다음 시각을 5시 10분이라고 읽었습니다. 경환이가 시 각을 잘못 읽은 이유와 올바른 시각을 써 보세요.

답 시계의 긴바늘이 가리키는 숫자 10을 50분이 아니라 10분이라 고 잘못 읽었기 때문입니다. 따라서 올바른 시각은 5시 50분입 니다.

표와 그래프 아이가 표를 읽고 나서 연산식을 세울 수 있는지 확인해 주세요.

문제 예주네 모둠 학생들이 좋아하는 꽃을 조사하여 표로 나타내었습니다. 튤립을 좋아하는 학생은 모두 몇 명인지 풀이 과정을 쓰고 답을 구해 보세요.

꽃	장미	튤립	국화	합계
학생 수	2		5	8

풀이 전체 학생 수를 참고해 튤립을 좋아하는 학생 수를 구하는 수식 만들기

▶ 8 - 2 - 5 = 1(명)

답 1명

규칙 찾기 시각과 시각을 빼서 시간을 구할 때, 셈의 실수가 없도록 합니다.

문제   규칙을 찾아 마지막 시계가 나타내는 시각은 몇 시 몇 분인지 풀이 과정을 쓰고 답을 구해 보세요.

> $7:15 \rightarrow 7:30 \rightarrow 7:45 \rightarrow 8:00 \rightarrow$ □ : □

풀이   1. 시각의 규칙 찾기

▶15분씩 늘어나는 규칙이 있습니다.

2. 마지막 시계가 나타내는 시각 구하기

▶8시 00분+15분=8시 15분(8:15)

답   8시 15분

수학적 감각 키우기

초등학교 1~2학년은 구체적 경험이 뇌 발달로 이어지는 시기로, 일상에서 아이가 직접 보고 만지며 수학적 감각을 키우면, 공부할 때 많은 도움이 된다. 예를 들어, 아이가 곱셈구구를 외우기 전에 묶어 세기를 통해 '배수'를 경험한다면, 곱셈구구를 외우지 않고도 연산할 수 있다.

특히 초등학교 아이들이 가장 어려워하는 개념은 도형인데, 도형 감각이 없는 아이라면 '도형 돌리기', '쌓기나무 개수 세기', '도형의 넓이 및 부피 계산하기' 등의 문제를 풀 때 많이 힘들어한다. 그러나 어렵다고 포기하지 말고, 개념을 이해시키기 어려울수록 아이에게 직접 도형을 만들어 보게 하거나 그려 보게 해야 한다. 예를 들어, 아이가 도형의 넓이를 구하는 공식을 배울 때, 직접 도형을 만들어 본다면 여러 번 개념 설명을 듣는 것보다 훨씬 나을 수 있다.

다음의 움직이는 교실 수업은 이러한 의도에 따라 활동을 만든 것으로, 1학년 1학기 1단원의 경우, 주제는 '9까지의 수'로 아이가 1부터 9까지 수를 세고, 순서를 매길 수 있도록 학습활동을 유도하는 것이다. 이 단원에서 부모와 아이가 함께해 볼 수 있는 워크지 활동으로는 일주일 단위로 매일 해야 하는 일을 1부터 9까지 순서대로 적어 보는 것이다. 예를 들어, "1. 학교에 가기, 2. 피아노 학원에 가기, 3. 친구와 놀이터에서 놀기, 4. 가족들과 저녁 식사하기, 5. 숙제하기, 6. 동화책 읽기, 7. 책상 정리하기, 8. 일기 쓰기, 9. 목욕하기" 등으로 말이다. 이러한 활동을 통해 부모와 아이는 자연스럽게 일상을 나눌 수 있고, 덤으로 부모는 아이에게 자연스럽게 수학 공부도 시킬 수 있다.

특히 워크지를 만들 때, 교과서에서 나오는 어휘를 많이 사용할수록 교육 효과는 더 좋다. 수업 시간에 배운 단어를 일상에서 활용하는 경험이 아이에게 자신감을 심어 주어, 수학에 대한 재미를 더욱 느끼게 할 것이다.

1학년 1학기	주제	움직이는 교실 학습 목표	워크지
1단원	9까지의 수	일과를 순서수에 맞추어 적는다.	• 오늘 해야 할 일 적기 첫째: 학교에 다녀온다. 둘째: 피아노학원에 다녀온다. 셋째: 친구와 놀이터에서 만난다. 넷째: 가족들과 저녁 식사를 한다. 다섯째: 자기 전, 책가방을 챙긴다
2단원	여러 가지 모양	다양한 모양의 물건을 모양별로 분류한다.	• 고래밥에 들어 있는 다양한 모양의 물고기를 모양에 따라 분류하기
3단원	덧셈과 뺄셈	양손으로 가르기와 모으기를 해서 경우의 수를 적는다.	• 사탕으로 가르기와 모으기, 경우의 수를 해 보기 사탕 2개=오른손 0개, 왼손 2개 / 오른손 1개, 왼손 1개 / 오른손 2개, 왼손 0개
4단원	비교하기	실생활에서 비교급 단어를 활용한다.	• 비교급 문장 만들어 보기 더 깁니다 / 더 짧습니다 더 무겁습니다 / 더 가볍습니다 더 넓습니다 / 더 좁습니다 더 많습니다 / 더 적습니다
5단원	50까지의 수	낱개를 모아 묶음을 만들어 본다.	• 빼빼로를 투명포장지로 묶어 친구들에게 선물하기 빼빼로 5개씩 두 묶음으로 10개 만들기 빼빼로 10개씩 다섯 묶음으로 50개 만들기

수학 잘하는 아이는 외우지 않습니다

1학년 2학기	주제	움직이는 교실 학습 목표	워크지
1단원	100까지의 수	모눈종이 가로, 세로 10칸씩에 수를 적으며 짝수, 홀수, 자연수 규칙, 수 배열표 규칙에 대해 알아본다.	• 숫자판 만들기 연필로 100까지 쓸 수 있는 그리드판과 2개의 주사위를 준비한다. 그다음 주사위 2개를 던진 후, 그 수를 더해서 그 수만큼 말을 움직여 제일 빨리 100에 도착하는 사람이 이기는 게임을 한다.
2단원	덧셈과 뺄셈 (1)	받아올림과 받아내림이 없는 덧셈과 뺄셈을 한다.	• 가족들의 몸무게로 비교표 만들기 가족들의 몸무게를 잰 다음, 덧셈과 뺄셈을 해 본다.
3단원	여러 가지 모양	모양을 변별한다.	• 집에 있는 물건을 본떠 모양 그리기
4단원	덧셈과 뺄셈 (2)	순차적으로 덧셈과 뺄셈을 한다.	• 봉지에 들어 있는 사탕을 하나씩 빼면서 봉지에 남은 사탕 수를 계산해 보기
5단원	시계 보기와 규칙 찾기	시계 읽기를 통해 시각, 정각, 30분의 개념을 알아본다.	• 주말 일과표 적기, 여행 일정 적기
6단원	덧셈과 뺄셈 (3)	합과 차의 개념을 알아본다.	• 우리 집 달걀 개수 변화표 만들기 오늘 우리 집 냉장고에 있는 달걀은 총 10개인데, 간식으로 내가 2개를 먹었다면, 남은 달걀은 총 몇 개일까?(10-2=8)

2학년 1학기	주제	움직이는 교실 학습 목표	워크지
1단원	세 자리 수	십진법 세 자리 수를 알아본다.	• 동전으로 세 자리 수 알아보기 10원짜리 동전으로 50원 만들어 보기 50원짜리 동전으로 100원 만들어 보기 50원짜리와 10원짜리로 100원 만들어 보기
2단원	여러 가지 도형	평면도형에 대해 알아본다.	• 도형 사전 만들기 변, 꼭짓점, 원, 삼각형, 사각형, 오각형, 육각형의 특징을 적는다.
3단원	덧셈과 뺄셈	받아올림과 받아내림에 대해 알아본다.	• 버스에 탄 사람과 내린 사람 계산해 보기
4단원	길이 재기	표준단위를 사용하여 길이에 대한 양감을 알아본다.	• 우리 집 물건 어림표 만들기 우리 집에 있는 물건을 사로 재서 길이를 확인한 후 어림한다. • 놀이터 어림표 만들기 놀이터에 있는 기구들의 길이를 10cm 이상, 50cm 이상, 100cm 이상으로 어림해 적는다.
5단원	분류하기	분류 기준을 직접 만들어 본다.	• 우리 집에 있는 책을 분류하기 위인전, 창작동화, 만화책 등으로 책을 분류한다. • 우리 집 재활용 쓰레기 분류하기
6단원	곱셈	배수 개념에 대해 알아본다.	• 덧셈표를 곱셈표로 만들기 약과 한 봉지를 5개씩 묶으면 몇 봉지일까?

수학 잘하는 아이는 외우지 않습니다

2학년 2학기	주제	움직이는 교실 학습 목표	워크지
1단원	네 자리 수	동전과 화폐로 네 자리 수를 계산한다.	• 환전 놀이하기
2단원	곱셈구구	구구단의 배수 규칙에 대해 알아본다.	• 묶어 세기 해 보기 초콜릿을 2개, 3개 ⋯ 9개씩 묶어 센다.
3단원	길이 재기	cm와 m의 개념을 이해하고, 길이의 합과 차를 알아본다.	• 가족들의 키 재보기 가족들의 키를 잰 다음, 그 숫자를 더해 보거나 빼본다.
4단원	시각과 시간	시, 분, 초와 년, 월, 일의 개념을 이해한다.	• 달력에 시간 단위로 일과 적기
5단원	표와 그래프	표와 그래프를 사용하는 이유를 이해한다.	• 표와 그래프 만들기 주사위를 던져 나오는 경우의 수를 바탕으로 표와 그래프를 그려 본다.
6단원	규칙 찾기	일상에 숨은 규칙을 발견하고, 수로 표현한다.	• 규칙 게임하기 일상에서 규칙을 발견하면, 그 내용을 숫자나 기호 등으로 적는다. 이렇게 새로운 규칙을 찾을 때마다 규칙 점수 1점씩을 얻는다. 가족 중 최고 점수를 받은 사람이 나오면, 규칙왕으로 인정해 준다.

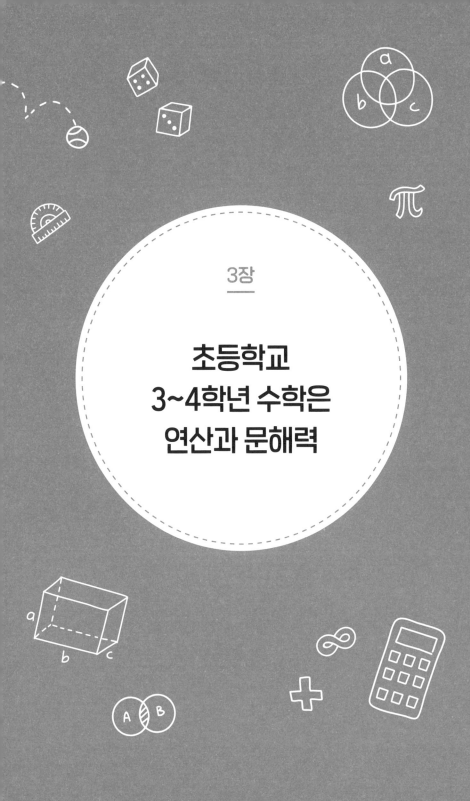

3장
—

초등학교
3~4학년 수학은
연산과 문해력

수학 울렁증을
타파할 시기

초등학교 3~4학년의 교과과정에는 새로운 개념과 다양한 수학 용어들이 대거 등장해 양적인 면에서나 질적인 면에서 아이에게 많은 학습력을 요구한다. 따라서 아이가 학교에서 배운 단원별 개념을 제대로 숙지하고 있는지 가정에서 꼼꼼히 확인해 주어야 한다.

특히 초등학교 3학년 때는 아이가 연산의 개념을 머릿속에 잘 정리하는 게 중요한데, 집에서 문제를 풀 때는 만점을 받았더라도 막상 시험에서는 실수를 자주 하는 시기이기 때문이다. 따라서 부모가 인내심을 가지고 아이와 함께 꾸준히 오답노트를 만들 필요가 있다.

여기에 한 가지 더! 바로 공부를 시작하기 전, 아이가 스스로 주변 정리를 할 수 있도록 해야 한다. 여기서 주변 정리란 책상에 바른 자세로 앉기, 책상 정리하기, 필기도구 준비하기 등을 말한다. 즉, 공부하기 전 학습 태도를 갖추는 것인데 이때 잡은 습관이 중학교, 고등학교까지 이어진다. 바른 자세에서 바른 정신이 나오는 법이다. 아이가 바른 자세로 공부할 수 있도록 부모가 물심양면으로 도와주어야 한다.

다음은 초등학교 4학년이다. 이 시기에는 연산과 도형의 심화학습이 이뤄지기 때문에, 기본 개념을 제대로 숙지하고 다음 학년으로 올라갈 수 있도록 해야 한다. 그렇지 않으면 학년이 올라갈수록 아이의 완전학습은 더욱 어려워질 수 있다.

사실 초등학교 3~4학년은 여러모로 모호한 시기이다. 1~2학년 아이에 비하면 의젓하지만, 5~6학년 아이에 비하면 아직 미숙하기 때문이다. 따라서 이 시기에 부모는 아이가 느끼는 불안을 잘 관리하며 아이의 학습 효능감을 끌어올려야 한다. 그럼 이때 도움될 만한 몇 가지 학습법을 소개한다.

첫째, 아이의 학습 루틴을 만들어야 한다. 여기서 말하는 루틴은 일과의 관점이 아닌, 학습하기 전 아이의 몰입도를 올리기 위한 루틴이다. 예를 들어, 숙제를 하기 전 10분씩 책을 읽거나 영어단어 몇 개씩을 외우는 등 집중도를 예열하는 시간을 갖는 것이다.

둘째, 아이가 소화해야 하는 과제 수준과 양은 반드시 아이와 상의한 후에 정한다. 우리 아이들의 일정표를 보면, 주중에는 국어, 영어, 수학 등 주요 과목의 학습 진도를 따라가기에 바쁘고, 주말에는 운동뿐만 아니라 경시대회 등에 참가하느라 아이들은 눈코 뜰 새 없이 바쁘다. 부모 욕심에 이런저런 일정을 모두 잡는다면, 아이는 결국 심신이 지쳐 공부에 대한 흥미를 완전히 잃을 수 있다는 것을 기억하자.

셋째, 아이를 칭찬하는 데 인색하지 말자. 아이는 성과를 낸 학습 경험과 부모의 격려를 디딤돌 삼아 중학교, 고등학교까지 공부의 스퍼트를 올린다. 단적인 예로 작은 차이더라도 아이가 발전하는 모습을 보인다면, 열과 성의를 다해 칭찬해 주자. 그럼 아이는 부모의 칭찬과 격려를 발판 삼아 더욱 적극적인 태도로 공부에 임할 것이다. 그리고 이러한 경험이 차곡차곡 쌓인다면, 아이는 높은 자존감을 토대로 성인이 되어서도 심신이 지치거나 곤경에 처했을 때, 이를 잘 극복할 힘을 발휘할 수 있을 것이다.

넷째, 아이가 성공적인 의사 결정의 경험을 쌓을 수 있도록 도와줘야 한다. 성공적인 의사 결정의 경험이란, 스스로 결정한 일의 결과가 만족스러울 때 얻는 긍정적인 감정으로, 아이가 자신이 직접 고른 문제집을 모두 풀었다거나 스스로 고른 책을 완독하는 경험을 예로 들 수 있다. 이러한 경험은 아이에게 큰 성취감을 주는 데다, 이후 학습에 엄청난 시너지 효과를 발휘한다.

학년이 올라가면서, 아이에게는 스스로 선택해야 하는 일들이 많아진다. 학원에 갈 것인지 친구를 만날 것인지, 숙제를 할 것인지 게임을 할 것인지, 책을 볼 것인지 만화를 볼 것인지 등 말이다. 그때마다 부모가 곁에서 선택을 함께하고 종용할 수는 없는 일이다. 다만 아이에게 성공적인 의사 결정의 경험이 많을수록, 아이는 혼자 힘으로 좀 더 현명하고, 건강한 선택을 할 수 있을 것이다. 따라서 부모가 보기에 아이가 아직 어려 미덥지 않더라도, 아이의 선택을 존중하고, 그 책임을 스스로 질 수 있도록 이끌어 주는 것이 중요하다.

초등학교 3~4학년에는 아이가 자기주도학습을 시작할 수 있도록 여건을 형성해 주는 것이 중요하다. 이 시기를 놓치면 아이가 공부 습관을 갖추는 데 몇 배의 시간이 들 수 있다. 따라서 아이가 나쁜 습관을 버리고 좋은 습관을 들일 수 있도록 부모가 많은 도움을 줘야 한다.

학습 포인트는
놓치는 단원 없애기

　초등학교 3~4학년 수학익힘책에는 새로운 개념이 대거 등장한다. 자연수, 분수, 소수부터 곱셈과 나눗셈까지 연산의 전반적인 내용을 이 시기에 배운다. 그렇다 보니 부모도 아이도 쉽게 지칠 수 있는 시기가 바로 이때이기도 하다. 다만 초등학교 3~4학년은 초등학교 고학년뿐만 아니라 중학교 수학 교육의 기초가 되는 중요한 개념들을 다지는 때이기 때문에, 가정에서도 단원별 평가를 꼭 해야 아이가 완전하게 학습할 수 있다.

　흔히들 초등학교 3학년 때, 수학 불안증이 처음 나타난다고 한다. 불안 수준은 아이마다 제각기 다르다. 수학 수업 중에는 물론, 수학 시험을 앞두고 스트레스와 공포증을 느끼는 것이다. 그런데 더 걱정스러운 것은 이 시기에 나타난 불안증을 아이가 제대로 해소하지 못하면, 결국 수포자가 되어 성인으로까지 이어질 수 있다는 점이다. 아이의 이러한 불안증을 관리할 가장 좋은 방법은 아이의 사소한 노력에도 부모가 끊임없이 격려하고 칭찬해 주는 것이다. 우리 아이들은 부모의 격려와 믿음을 통해 성장한다. 그렇기에 아이의 학업 속도가 조금 느리더라도 아이를 혼내거나 윽박지르지 말아야 한다. 부모가 인내심을 가지고 아이를 믿고 기다려 준다면, 아이들은 중간에 넘어지더라도 다시 일어나 나아간다.

단, 이때 꼭 챙겨야 할 학습법은 있다. 해당 학년에 배우는 단원들에는 아이가 풀이 과정을 적어내야 하는 문제들이 많기 때문에, 가로셈과 세로셈부터 시작해 숫자와 글씨를 바르게 쓰는 연습을 해야 한다.

다음은 학년별 단원에 따라 아이가 이해하고 넘어갔는지 반드시 확인해야 하는 개념을 정리한 것이다. 예를 들어, 3학년 1학기 '덧셈과 뺄셈' 단원에서 ①, ②, ③ 내용을 아이가 해낼 수 있는지 확인한 후, 다음 진도를 나갈 수 있도록 학습 상태를 확인해 보기를 권한다.

📐 3학년을 위한 수학 교과 학습 지도

교과서 목차	1학기: 덧셈과 뺄셈, 평면도형, 나눗셈, 곱셈, 길이와 시간, 분수와 소수 2학기: 곱셈, 나눗셈, 원, 분수, 들이와 무게, 자료의 정리
교과서 중요 개념	곱셈과 나눗셈, 진분수-가분수-대분수 개념
교과서에 없는 중요 개념	나눗셈의 몫과 나머지, 분모가 같은 단위분수의 합, 문장제에서 곱하기와 나누기 의미로 식 만들기

📐 4학년을 위한 수학 교과 학습 지도

교과서 목차	1학기: 큰 수, 각도, 곱셈과 나눗셈, 평면도형의 이동, 막대그래프, 규칙 찾기 2학기: 분수의 덧셈과 뺄셈, 삼각형, 소수의 덧셈과 뺄셈, 사각형, 꺾은선그래프, 다각형
교과서 중요 개념	분수와 소수의 덧셈과 뺄셈, 도형 개념
교과서에 없는 중요 개념	자릿값, 삼각형 성질, 삼각형의 포함관계, 사각형의 포함관계

덧셈과 뺄셈

① 세 자리 수의 덧셈과 뺄셈의 계산원리를 이해하고 계산할 수 있다.

② 자리 수의 의미를 이해하고 받아올림과 받아내림을 정확하게 적을 수 있다.

③ 세 자리 수의 덧셈과 뺄셈 문제를 다양한 방법으로 탐색하여 푼다.

평면도형

① 선분, 직선, 반직선 개념을 이해하고, 자를 이용해 그릴 수 있다.

② 각, 직각, 직각삼각형의 개념을 이해하고, 각을 활용해 직각삼각형을 그릴 수 있다.

③ 직사각형과 정사각형의 특징을 이해하고, 같은 점과 다른 점을 찾을 수 있다.

나눗셈

① 나누기 개념을 이해하고 나눗셈식을 구할 수 있으며 곱셈을 활용해 식을 검산할 수 있다.

② 곱셈과 나눗셈의 관계를 알고, 곱셈구구를 통해 나눗셈의 몫을 구할 수 있다.

③ 나누어지는 수와 나누는 수의 몫을 알고 셈을 할 수 있다.

곱셈

① (두 자리 수)×(한 자리 수)의 계산원리를 이해한다.

② 계산법을 형식화하여 곱셈의 다양한 문제를 풀 수 있다.

③ 세로셈과 가로셈, 두 가지 방법으로 곱셈할 수 있다.

길이와 시간

① 표준단위인 1mm, 1cm, 1m, 1km, 1초, 1분, 1시간을 이해한다.

② 1cm와 1mm의 관계, 1km와 1m의 관계를 알고 어림할 수 있다.

③ 시간의 덧셈과 뺄셈에서 각 단위를 생각하여 문제를 풀 수 있다.

분수와 소수

① 분자가 1인 단위분수의 크기를 비교할 수 있다.

② 분모와 분자 중 분모가 같은 분수의 크기를 비교할 수 있다.

③ 소수를 읽고 쓰는 방법을 알며, 소수의 크기를 비교할 수 있다.

곱셈

① (세 자리 수)×(한 자리 수)의 계산원리를 이해하고, 일의 자리, 십의 자리, 백의 자리를 각각 받아올림하여 문제를 풀 수 있다.

② (두 자리 수)×(두 자리 수)와 (세 자리 수)×(한 자리 수)의 계산원리와 활용법을 알고 문제를 풀 수 있다.

③ 문제를 읽고 세로셈과 가로셈을 활용하여 문제를 풀 수 있다.

나눗셈

① 내림이 없는 나눗셈과 내림이 있는 나눗셈을 이해하고 문제를 풀 수 있다.

② 자릿값에 맞추어 계산하고 몫과 나머지를 구할 수 있다.

③ 맞게 계산했는지 확인할 수 있고, 식을 세워 문제를 풀 수 있다.

원

① 원의 중심, 지름, 반지름을 이해하며, 한 원에서 원의 반지름은 모두 같다는 것을 이해한다.

② 원의 성질을 이용하여 여러 가지 문제에 적용할 수 있다.

③ 원의 반지름을 이용하여 크고 작은 원을 그릴 수 있다.

분수

① 이산량에서 등분할 개념을 이해하고, 부분의 양을 전체의 양과 비교해 분수로 나타낼 수 있다.

② 진분수와 가분수, 대분수를 알고 분류하는 문제를 풀 수 있다.

③ 대분수를 가분수로, 가분수를 대분수로 나타내어 크기를 비교할 수 있다.

들이와 무게

① 1L와 1m의 관계를 알고, 단명수와 복명수로 나타낼 수 있다.

② 1kg과 1g의 관계, 1kg과 1t의 관계를 알고, 단명수와 복명수로 나타낼 수 있다.

③ 들이의 합과 차, 무게의 합과 차의 문제를 풀 수 있다.

자료의 정리

① 표(통계적 사실)를 보고, 그 내용을 이해하고 활용할 수 있다.

② 수집한 실생활 자료를 보고, 그 내용을 표로 나타낼 수 있다.

③ 그림그래프를 보고, 여러 가지 사실을 파악하고 문제를 해결할 수 있다.

4학년 1학기

큰 수

① 만, 십만, 백만, 천만을 이해하며 쓰고 읽을 수 있다.

② 천만 단위까지 수의 위치적 기수법과 자릿값을 알고 활용할 수 있다.

③ 억과 조의 단위까지 수의 위치적 기수법과 자릿값을 알고 활용할 수 있다.

각도

① 각의 크기를 나타내는 단위인 도(°)를 이해하고, 각도기를 이용하여 주어진 각의 크기를 잴 수 있다.

② 각의 분류를 통하여 예각, 직각, 둔각을 구분하고 각도기와 자를 이용하여 각을 그릴 수 있다.

③ 삼각형의 세 각의 크기 합, 사각형의 네 각의 크기 합이 얼마인지 알고, 각도의 합과 차를 계산할 수 있다.

곱셈과 나눗셈

① (세 자리 수)×(두 자리 수)의 계산원리를 이해하고 계산할 수 있다.

② 실생활에서 (세 자리 수)×(두 자리 수)의 곱셈을 활용하여 문제를 해결할 수 있다.

수학 잘하는 아이는 외우지 않습니다

③ 몫이 한 자리 수인 (두 자리 수)÷(두 자리 수), (세 자리 수)÷(두 자리 수)의 계산원리를 이해하고 계산할 수 있다.

평면도형의 이동

① 평면도형을 여러 방향으로(밀기, 뒤집기, 돌리기) 활용하여 표현할 수 있다.

② 평면도형의 밀기, 뒤집기, 돌리기의 규칙적인 이동을 설명할 수 있다.

③ 평면도형의 이동을 이용하여 규칙적인 무늬를 꾸밀 수 있다.

막대그래프

① 막대그래프를 통해 여러 가지 통계적 사실을 알고 표현할 수 있다.

② 실생활 자료를 조사하여 막대그래프를 그리고, 통계적 사실을 정리할 수 있다.

③ 막대그래프 통계 결과의 차이점을 비교하여 설명할 수 있다.

규칙 찾기

① 수 배열에서 규칙을 찾고, 설명할 수 있다.

② 도형의 배열에서 규칙을 찾고, 설명할 수 있다.

③ 계산식의 배열에서 규칙을 찾고, 식으로 표현할 수 있다.

분수의 덧셈과 뺄셈

① 두 진분수의 합과 차를 구하는 원리와 형식을 이해하고 계산할 수 있다.

② 대분수의 덧셈과 뺄셈을 계산할 수 있다.

③ 분수의 뺄셈에서 (자연수) - (분수)를 계산할 수 있다.

삼각형

① 삼각형을 변의 길이에 따라 분류하여 이등변삼각형과 정삼각형으로 구분할 수 있다.

② 삼각형을 각의 크기에 따라 분류하여 예각삼각형과 둔각삼각형으로 변별할 수 있다.

③ 정삼각형, 이등변삼각형의 특징을 고려하여 문제를 풀 수 있다.

소수의 덧셈과 뺄셈

① 100분의 1은 0.01과 크기가 같고, 1000분의 1은 0.001과 크기가 같다는 것을 이해하고, 자릿값을 표현할 수 있다.

② 100배와 100분의 1배의 차이를 알고, 소수에 관한 문제를 풀 수 있다.

③ 소수의 덧셈과 뺄셈을 소숫자리에 맞추어 계산할 수 있다.

사각형

① 수직과 수선의 의미를 이해하고, 삼각자와 각도기를 사용하여 수선을 그릴 수 있다.

② 평행과 평행선의 의미를 이해하고, 평행선을 그려 평행선 사이의 거리를 알 수 있다.

③ 사다리꼴, 평행사변형, 마름모, 직사각형, 정사각형의 성질을 이해하고 정의할 수 있다.

꺾은선그래프

① 꺾은선그래프를 보고, 여러 가지 통계적 사실을 설명할 수 있다.

② 실생활 자료를 조사하여 꺾은선그래프를 그려 보고 통계적 사실을 정리할 수 있다.

③ 꺾은선그래프와 막대그래프의 특징을 알고 비교하여 설명할 수 있다.

다각형

① 다각형, 정다각형의 의미를 알고 정의할 수 있다.

② 변의 길이와 각의 크기가 모두 같은 다각형의 특징을 통해 문제를 풀 수 있다.

③ 대각선의 뜻을 알고 대각선의 성질을 정의할 수 있다.

연산에 대한 자만심 vs. 자신감

앞에서 나는 초등학교 1~2학년 때는 문제 풀이 위주의 연산 훈련을 학습 목표로 세우지 말라고 했다. 1~2학년 때 연산 훈련을 열심히 한 탓에 아이에게 자만심이 생기면 오히려 '실'이 될 수 있기 때문이다. 하지만 초등학교 3~4학년이 되면 연산 훈련을 많이 할수록 좋다. 3~4학년 수학 단원에는 연산을 '활용'하는 문제가 많이 출제되기에, 연산 훈련을 많이 해야 좋은 성적을 낼 수 있어서다. 따라서 1~2학년 때는 연산의 개념을 잡고, 3~4학년 때는 연산 훈련을 열심히 하는 것이 가장 좋은 그림이다.

그리고 3~4학년 때 연산 훈련을 열심히 해야 하는 이유가 한 가지 더 있다. 연산 훈련을 통해 자신감을 키울 수 있기 때문이다. 일반적으로 초등학교 3학년 때 많은 아이가 수학을 포기한다. 초등학교 3학년을 기준으로 수포자가 될 것인지, 수학왕이 될 것인지 선택의 갈림길에 선다는 것이다. 왜일까? 3학년이 되면, 새로운 수학 개념과 원리가 마구 쏟아지는데, 이때 공부해야 하는 양이 갑자기 늘어나다 보니 아이가 덜컥 겁을 먹게 되는 것이다. 이때 필요한 것이 바로 자신감이다. 연산의 개념을 정확히 잡고 다양한 문제를 풀며 꾸준히 연산 훈련을 한 아이는 어떤 문제도 쉽게 해결할 수 있다. 그럼 자연스럽게 수학에 대한 자신감이 생긴다. 따라서 수학 자신감을 장착한 아이는 수학을 포기하지 않을 것이다.

연산에 대한 자만심과 자신감이 불러오는 결과는 이렇게 다르다. 따라서 부모와 교사는 아이가 공부할 때 자신감을 가지도록 도와주면서, 그 마음이 자만심으로 변하지 않도록 적절한 공부법을 제시해 줄 수 있어야 한다.

그럼 이제 초등학교 3~4학년 연산에서 '득'이 될 공부법을 살펴보자. 여러 가지가 있겠지만, 그중에서 가장 중요한 공부법으로 바른 글씨체 쓰기 훈련을 들 수 있다. 이 시기에는 자릿값의 개념을 다루기 때문에, 자리 수에 맞춰 숫자를 또박또박 쓰는 연습을 해야 한다. 그래야 고학년으로 올라가 계산 실수를 줄이고 변별력을 낼 수 있다. 연산 훈련을 하기에 최적의 시기는 3학년 겨울방학으로, 이때 아이가 가정에서 진도용 문제집을 푼다면 이에 맞춰 연산노트를 따로 준비해 세로셈과 가로셈을 적는 훈련을 하면 좋다. 그럼 계산 속도

뿐만 아니라 풀이의 정확성도 올릴 수 있다.

다음은 이러한 득과 실에 맞춰, 초등학교 3~4학년 때 반드시 짚고 넘어가야 할 연산법에 관해 다룬 것이다. 이 시기에는 부모와 아이 모두 문제의 답을 구하는 데 연연하기보다 문제를 정확히 읽고, 어떻게 풀 것인지 고민하는 데 많은 시간을 써야 한다. 그래야 아이가 5~6학년이 되어서도 심화문제에 대한 두려움 없이 수학을 공부할 수 있다. 그러니 친구 아들이, 친구 딸이 연산 문제를 빨리 푼다고 해서 부러워하지 말자. 우리 아이에게만큼은 연산에 관한 생각의 폭을 넓혀 주어, 한 단계 더 깊은 수학적 사고력을 키울 수 있도록 도와주자.

3학년 1학기

이 단원에서는 세 자리 수의 덧셈과 뺄셈 원리를 이해하고, 받아올림과 받아내림을 정확하게 적는 연습을 해야 한다. 특히 해당 학기에서는 대부분 아이들이 나눗셈을 어려워하는데 나누어지는 수와 나누는 수의 몫을 알고, 곱셈을 통한 검산으로 역연산하는 방법을 제대로 이해하도록 충분히 설명해 줘야 한다. 나누기에 이어 분수와 소수도 처음 나오는 개념인데, 이 단원은 중고등학교 수학으로까지 이어지기 때문에, 아이가 단위분수의 뜻을 이해하고 분수의 크기를 비교하며 소수의 의미를 알고 소수의 크기를 비교하는 문제를 꾸준히 연습할 수 있도록 해야 한다.

덧셈과 뺄셈 아이가 세로셈을 배웠다면, 일의 자리부터 셈을 하는 방식을 바르게 이해했는지 꼼꼼히 살펴야 한다. 특히 자릿값에 맞추어 계산식을 적어야 하는데 글씨가 엉망이라면, 계산 실수가 많이 나올 수 있으니 글씨를 바르게 쓰는 연습 또한 해야 한다.

나눗셈 사칙연산 중 아이들이 가장 어려워하는 개념이다. 학습 순서는 '등분제나눗셈→포함제나눗셈→곱셈의 역연산'을 따른다. 아이가 곱셈과 나눗셈에 능숙해야 자연수를 뛰어넘는 새로운 수의 범위도 받아들이기 쉽기 때문에, 부모와 아이 모두 인내심을 가지고 학습해야 한다.

곱셈 곱셈은 두 자리 수와 한 자리 수가 나오면 십의 자리를 먼저 계산하거나 일의 자리를 먼저 계산해도 괜찮다. 하지만 아이들이 매우 혼란스러워하므로 의견을 물어보고 학습 방향을 맞추는 것이 중요하다.

분수와 소수 소수를 길이와 연결해 가르치면, 의외로 아이들이 개념을 쉽게 이해한다. 아이가 전체와 부분의 개념을 충분히 이해했다면, 전체를 어디에 쓰고, 부분을 어디에 쓰는지 일상에서 계속 표현할 수 있도록 돕자.

3학년 2학기

3학년 2학기 나눗셈에서는 등분제와 포함제, 두 가지 문제 유형을 모두 다룰 수 있어야 하며, 나머지가 없는 나눗셈과 나머지가 있는 나눗셈을 이해하고, 나머지가 있는 나눗셈을 검산할 때 곱셈을 활용할 수 있어야 한다. 분수에서는 진분수, 가분수, 대분수를 정의할 수 있고, 대분수를 가분수로, 가분수를 대분수로 나타내어 분모가 같은 분수의 크기를 비교할 수 있어야 한다.

곱셈 곱셈은 무조건 연습이 답이다. 곱한 수를 어느 자리에 써야 할지 몰라 난감해하는 아이들이 많은데, 곱셈을 설명할 때, 자리에 유의해서 하면 좋다. 즉, 아이가 자리 수를 이해하면 곱셈이 편해진다.

나눗셈 나눗셈을 바르게 계산했는지 역으로 확인하는 방법을 익혀야 한다. 그렇게 한다면 곱셈과 나눗셈의 응용이 훨씬 쉬워질 것이다.

분수 아이가 분수의 개념을 바로잡고 넘어갈 수 있도록 완전하게 학습시켜야 한다. 예를 들어, 아이가 "10의 $\frac{1}{2}$은 5이다"라는 문장을 "10(개)의 2(묶음) 중 1(묶음)은 5(개)이다"로 옮겨적을 수 있다면 분수를 완벽하게 학습한 것이다.

들이와 무게 들이와 무게의 덧셈, 뺄셈에 능숙해지기 위해서는 단위를 통일하는 받아올림과 받아내림 연습을 많이 해야 한다. 이때 자리수를 정확하게 적는 연습을 해야, 고학년이 되어서 계산 실수를 하지 않는다.

수학 잘하는 아이는 외우지 않습니다

4학년 1학기

아이가 큰 수의 자릿값과 십진법, 기수법에 대한 개념을 알고 실생활 속에서 다양한 예시를 통해 큰 수의 필요성을 이해할 수 있어야 한다. 각도 단원에서는 도형에 따른 각의 크기와 직각에 대한 의미를 정확히 기억하면, 관련된 문제를 어려움 없이 풀 수 있을 것이다.

자연수의 곱셈과 나눗셈 단원에서는 단순 연산 알고리즘이 아닌 분배법칙을 이용한 곱셈과 나눗셈의 원리를 이해하는 것이 중요하다. 특히 곱셈과 나눗셈의 역연산 관계를 설명할 때 아이들이 어려워하는데, 이때 개념을 잘 익혀야 고학년이 되어서 연산의 검산을 쉽게 할 수 있다. 그러니 충분한 연산 연습을 통해 아이가 역연산을 활용할 수 있도록 해야 한다.

큰 수 아이에게 자릿값의 개념과 십진법 기수법에 대한 개념을 반복해서 알려줘야 한다.

각도 도형의 모양과 크기가 달라도 모든 삼각형의 내각의 합은 180°이고, 모든 사각형의 내각의 합은 360°라는 것을 기억하게 한다.

곱셈과 나눗셈 곱셈과 나눗셈의 역연산 관계를 잘 활용하기 위해서는 많은 문제를 풀어봐야 한다. 정확한 풀이와 연습이 답이다.

4학년 2학기

분수의 덧셈과 뺄셈 원리는 자연수의 덧셈과 뺄셈 원리와 유사해 쉽게 이해할 수 있으나 3학년 2학기에 배운 진분수, 가분수, 대분수의 개념을 먼저 잡은 다음에 연산 연습을 하는 것이 좋다. 소수의 덧셈, 뺄셈은 자연수의 덧셈, 뺄셈 원리와 비슷해서 소수를 활용한 문제를 많이 풀어 본다면, 연산 개념을 쉽게 쌓을 수 있을 것이다.

분수의 덧셈과 뺄셈　아이가 다음의 다섯 가지 연산을 능숙하게 할 수 있어야 한다. ① 자연수를 분수로 바꾸어 계산하기, ② 분수의 합을 대분수로 나타내기, ③ 대분수는 대분수끼리, 자연수는 자연수끼리 계산하기, ④ 대분수를 가분수로 바꾸어 계산하기, ⑤ 계산 결과를 대분수로 나타내기.

소수의 덧셈과 뺄셈　아이들이 오답을 많이 내는 단원으로, 아이가 소수의 개념을 배울 때 단순히 숫자를 보고 읽는 것이 아니라 그 소수가 나타내는 의미가 무엇인지 제대로 이해하고 읽도록 해야 한다. 특히 소수의 크기 변화와 연산은 실생활에서 자주 활용되는 개념으로, 오답노트를 통해 아이가 완전히 학습할 수 있도록 도와줘야 한다.

수학 잘하는 아이는 외우지 않습니다

곱셉 합차산은 단골 문제! 한 번이라도 종이나 실을 도구 삼아 직접 만들어 보는 게 좋습니다.

문제 길이가 25cm인 종이띠 24장을 4cm씩 겹치게 이어 붙였습니다. 이어 붙인 전체 종이띠의 길이는 몇 cm가 되나요?

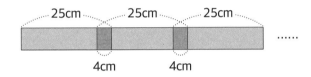

풀이 1. 24장 종이띠 길이 구하기

▶ $25 \times 24 = 600(cm)$

2. 겹치는 부분 총 길이 구하기

▶ 종이띠 2장을 이으면 겹치는 부분이 1곳 생기므로

종이띠 24장을 이으면 겹치는 부분이 23곳 생깁니다.

겹치는 부분 길이의 합 $= 4 \times 23 = 92(cm)$

3. 최종 식 세우기

▶ 24장 종이띠 길이 - 겹치는 부분 총 길이

$= 600 - 92$

$= 508(\text{cm})$

답   508cm

수학 잘하는 아이는 외우지 않습니다

다각형 도형에서 대각선의 정의를 다시 한번 짚어 봅니다.

문제 다음 도형에서 그을 수 있는 대각선은 모두 몇 개인가요?

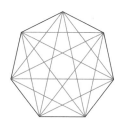

풀이 서로 이웃하지 않는 두 꼭짓점을 이어 대각선을 그어 본다.

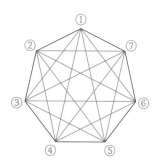

꼭짓점 ①: 4개   꼭짓점 ②: 4개   꼭짓점 ③: 3개

꼭짓점 ④: 2개   꼭짓점 ⑤: 1개   꼭짓점 ⑥: 0개

꼭짓점 ⑦: 0개

답 14개

수학 문해력으로 변별력 내기

    일반적으로 문해력과 메타인지가 가장 발달하는 시기가 초등학교 3~4학년 때라고 한다. 문해력이란 앞서 설명한 것처럼 문자를 읽고 쓸 수 있는 능력을 뜻하고, 메타인지란 자신의 인지 과정에 대해 관찰, 발견, 통제, 판단을 하는 정신 작용을 의미한다. 따라서 문해력과 메타인지가 발달한다는 건 한마디로 공부머리가 트인다는 뜻이다.

    또래에 비해 문해력이 부족한 아이들의 상황은 대개 이렇다. "이거 저번에 엄마랑 같이 푼 문제인데, 왜 틀렸어?" "엄마, 문제를 읽어도 무슨 말인지 모르겠어요." 부모님이나 선생님이 문제를 읽어줄 때는 문제를 풀어도 혼자 문제를 풀 때는 이해를 못해서 문제를 못 푸는 것이 문해력이 부족한 아이들의 전형적인 모습이다. 아이가 스스로 글(문제)을 읽고 질문을 이해하기보다 주변의 설명을 듣고 이해하는 데 익숙해진 탓이다. 이런 과정이 반복되다 보면, 아이의 학습력은 물론이거니와 공부 자신감도 현저하게 떨어져, 상위권으로 올라가려면 매우 많은 시간과 돈, 노력을 들여야 한다.

그럼 아이의 문해력을 올리기 위해 무엇을 해야 할까? 이를 해결하는 데는 매일 일정 시간 부모와 아이가 함께 독서하는 게 아주 많은 도움이 된다. 아이가 처음 책을 읽을 때는 모르는 어휘가 많아서 한 문장을 제대로 이해하는 데 많은 시간이 걸릴 테지만, 꾸준히 책을 읽다 보면 책 한 쪽에서 뜻을 모르는 단어가 2~3개를 넘지 않는 상태가 될 것이다. 이렇게 부모가 인내를 가지고 아이를 도와준다면, 아이는 시간이 갈수록 일취월장할 것이다.

수학에는 숫자만 나오는 게 아니다. 수와 관련된 다양한 글이 나오기에 수학을 잘하기 위해서는 글을 이해하고 사용하는 능력이 꼭 필요하다. 앞으로 초등 수학에서는 깊은 사고력을 측정하는 서술형, 논술형 문제의 비중이 높아질 것이다. 그렇게 된다면 결국 문해력이라는 힘을 가진 학생과 그렇지 않은 학생의 격차는 더 벌어질 수밖에 없다. 따라서 부모는 아이가 답을 맞히는 것보다 문제를 제대로 읽고 이해하는 능력을 기를 수 있도록 가르쳐야 한다.

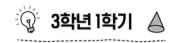

3학년 1학기

덧셈과 뺄셈 자리 수를 가르고 모으는 연습을 반복합니다.

문제 356 − 214를 어떻게 계산할 수 있는지 알아보세요.

답 1. 300 − 200, 50 − 10, 6 − 4를 차례대로 계산하기

▶ 300 − 200 = 100, 50 − 10 = 40, 6 − 4 = 2

100 + 40 + 2 = 142

2. 56 − 14를 먼저 계산하고, 300 − 200의 값에 더해서 계산

하기

▶ 56 − 14 = 42, 300 − 200 = 100

42 + 100 = 142

3. 6 − 4, 50 − 10, 300 − 200을 차례대로 계산하기

▶ 6 − 4 = 2, 50 − 10 = 40, 300 − 200 = 100

2 − 40 − 100 = 142

수학 잘하는 아이는 외우지 않습니다

평면도형 정사각형의 성질은 도형의 기본 개념이기 때문에 아이가 반드시 기억하도록 지도해 주세요.

문제　정사각형의 네 변의 길이를 더한 값이 몇 cm인지 풀이 과정을 쓰고 답을 구해 보세요.

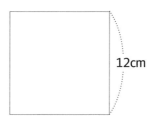

12cm

풀이　1. 정사각형의 성질 알기

▶ 정사각형의 네 변의 길이는 모두 같다.

2. 정사각형의 네 변의 길이 합 구하기

▶ 12＋12＋12＋12＝48

답　48cm

나눗셈 어림이 필요하지 않아요. 각각 답을 구해 비교해 봅시다.

문제 몫이 가장 큰 나눗셈을 찾아 기호를 쓰려고 합니다. 풀이 과정을 쓰고 답을 구해 보세요.

ⓐ 16÷2   ⓑ 30÷5   ⓒ 42÷6

풀이 1. 나눗셈의 몫을 각각 구하기

▶ ⓐ 8   ⓑ 6   ⓒ 7

2. 몫이 가장 큰 나눗셈 찾기

▶ ⓐ > ⓒ > ⓑ

답   ⓐ

아이가 '배'의 개념을 알고 있는지 확인해 주세요.

문제 서은이 언니의 나이는 13살이고, 어머니의 나이는 언니의 나이의 3배입니다. 서은이 언니와 어머니의 나이를 더하면 몇 살인지 풀이 과정을 쓰고 답을 구해 보세요.

풀이 1. 어머니의 나이 구하기
▶ 어머니의 나이는 $13 \times 3 = 39$(세)

2. 서은이 언니와 어머니의 나이의 합 구하기
▶ 서은이 언니와 어머니 나이의 합은 $13 + 39 = 52$(세)

답 52세

길이와 시간 사이 시간을 구하는 데 덧셈과 뺄셈 중 무엇을 사용할지 아이에게 안내해 주세요.

문제   준서는 95초 동안 달렸습니다. 달리기를 마친 시각이 7시 50분 40초라면 달리기 시작한 시각은 몇 시 몇 분 몇 초인지 풀이 과정을 쓰고 답을 구해 보세요.

풀이   1. 달린 시간이 몇 분 몇 초인지 구하기

   ▶ 달린 시간은 95초이고, 95초는 1분 35초입니다.

   2. 달리기 시작한 시각 구하기

   ▶ 7시 50분 40초 − 1분 35초 = 7시 49분 5초

답   7시 49분 5초

같은 길이를 다르게 나눈 수를 분수로 표현해 봅니다.

문제　장난감 자동차를 굴렸습니다. 가영, 민찬, 민준의 장난감 자동차 중에서 가장 멀리 간 자동차는 몇 m를 갔고, 누구의 것인지 풀이 과정을 쓰고 답을 구해 보세요.

출발　　　　　　1m　　　　　　도착

가영

민찬

민준

풀이　1. 가영, 민찬, 민준의 장난감 자동차가 간 거리를 각각 분수로 나타내기

▶ 가영 $= \dfrac{1}{4}$ m, 민찬 $= \dfrac{1}{3}$ m, 민준 $= \dfrac{1}{5}$ m

2. 자동차의 이동 거리를 큰 순서대로 정리해 비교하기

▶ 민찬 $= \dfrac{1}{3}$ m $>$ 가영 $= \dfrac{1}{4}$ m $>$ 민준 $= \dfrac{1}{5}$ m

답　$\dfrac{1}{3}$ m, 민찬

⚙️ 3학년 2학기 △

곱셈 같은 숫자 '1'이라고 하더라도 일, 십, 백의 자리에 따라 양이 다른 '1'이라는 개념을 반복해서 짚어 주세요.

문제 잘못된 부분을 찾아서 바르게 계산하고, 잘못된 이유를 써 보세요.

```
      6 4              6 4
  ×   1 5          ×   1 5
  ─────────        ─────────
  3 2 0      ⇨
      6 4
  ─────────        ─────────
  3 8 4
```

풀이 바르게 계산하기

```
        6 4
    ×   1 5
    ─────────
    3 2 0
    6 4
    ─────────
    9 6 0
```

답 64×1의 계산은 실제로 64×10이므로 계산 결과를 자릿값의 위치에 맞게 써서 계산해야 한다.

나눗셈 문제에서 요구하는 나눗셈의 나머지를 처리하는 방법에 대한 이해가 필요해요.

문제   색 테이프 8cm로 종이 고리를 한 개 만들 수 있습니다. 색 테이프 190cm로 같은 크기의 종이 고리를 몇 개까지 만들 수 있는지 풀이 과정을 쓰고 답을 구해 보세요.

풀이   1. 문제에 알맞은 식 만들기

    ▶ 색 테이프의 총 길이를 종이 고리 한 개를 만드는 데 필요한 색 테이프의 길이로 나누면 되므로 $190 \div 8$을 계산합니다.

    2. 만들 수 있는 종이 고리의 수 구하기

    ▶ $190 \div 8 = 23 \cdots 6$이므로 종이 고리를 23개까지 만들 수 있습니다.

답   23개

원 각 도형의 특징을 적용해 문제를 풀 줄 알아야 합니다.

문제   상자에 바닥의 반지름이 6cm인 원 모양의 통조림통 4개가 들어
있습니다. 상자의 가로는 몇 cm인지 풀이 과정을 쓰고 답을 구해
보세요. (단, 상자의 두께는 생각하지 않습니다.)

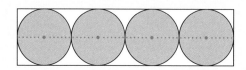

풀이   1. 상자의 가로는 통조림통 바닥의 반지름의 몇 배인지 알기

▶ 상자의 가로는 통조림통 바닥의 반지름을 8배 한 것과
갈습니다.

2. 상자의 가로는 몇 cm인지 구하기

▶ 통조림통 바닥의 반지름이 6cm이므로 상자의 가로는
$6 \times 8 = 48$(cm)입니다.

답   48cm

분수 분수에서 분자와 분모의 개념을 정확히 알고 있어야 합니다.

문제 하율이는 사탕 24개의 $\frac{3}{8}$을 먹었습니다. 하율이가 먹은 사탕은 몇 개인지 풀이 과정을 쓰고 답을 구해 보세요.

풀이 1. 24의 $\frac{3}{8}$ 구하기

▶ 24의 $\frac{3}{8}$은 24를 똑같이 8묶음으로 나눈 것 중의 3묶음이므로 9입니다. 따라서 24개의 8묶음 중에 3묶음은 9개입니다.

2. 하율이가 먹은 사탕의 수 구하기

▶ 따라서 하율이가 먹은 사탕은 9개입니다.

답 9개

틀이와 무게 아이가 비교 뺄셈의 계산식을 올바르게 쓰는지 살펴봐 주세요.

문제 작년에 시후의 몸무게는 30kg 400g이었고, 올해는 32kg 700g 입니다. 올해 시후의 몸무게는 작년보다 몇 kg 몇 g 늘었는지 풀이 과정을 쓰고 답을 구해 보세요.

풀이 1. 문제에 알맞은 식 만들기

  ▶ 올해 시후의 몸무게에서 작년 시후의 몸무게를 뺀 32kg 700g − 30kg 400g을 계산합니다.

  2. 시후의 늘어난 몸무게 구하기

  ▶ 따라서 올해 시후의 몸무게는 작년보다 32kg 700g − 30kg 400g = 2kg 300g 늘었습니다.

답 2kg 300g

수학 잘하는 아이는 외우지 않습니다

자료의 정리 도표의 각 내용이 무엇을 의미하는지 아이가 스스로 읽고 표현할 줄 알아야 합니다.

문제 표를 보고 알 수 있는 내용을 두 가지 써 보세요.

학생들이 존경하는 위인

위인	강감찬	이순신	왕건	유관순	합계
학생 수(명)	6	9	4	11	30

풀이 1. 표를 보고 알 수 있는 한 가지 내용 쓰기

▶ 가장 적은 학생이 존경하는 위인은 왕건입니다.

2. 표를 보고 알 수 있는 다른 한 가지 내용 쓰기

▶ 이순신을 존경하는 학생은 강감찬을 존경하는 학생보다 3명 더 많습니다.

답 가장 적은 학생이 존경하는 위인은 왕건이고, 이순신을 존경하는 학생은 강감찬을 존경하는 학생보다 3명 더 많다.

큰수 아이가 큰 수를 읽을 때, 네 자리 수마다 끊어읽도록 지도해 주면 좋습니다.

문제 천억의 자리 숫자가 5인 수를 찾아 기호를 써 보려고 합니다. 풀이 과정을 쓰고 답을 구해 보세요.

ⓐ 560148970000

ⓑ 745300000000

ⓒ 154784620000

풀이 1. 천억의 자리 숫자 각각 알아보기

▶ 천억의 자리 숫자를 각각 알아보면 다음과 같습니다.

ⓐ 5   ⓑ 7   ⓒ 1

2. 천억의 자리 숫자가 5인 수 찾기

▶ 천억의 자리 숫자가 5인 수는 ⓐ입니다.

답 ⓐ

각도 아이가 다각형 내각의 합을 구할 때 삼각형 내각의 합을 활용하는지 확인해 주세요.

문제 도형판에 만든 두 사각형의 네 각 크기의 합을 비교해 설명해 보세요.

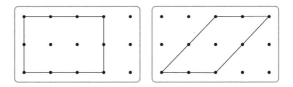

답 두 사각형 모두 네 각의 크기의 합은 360°로 같다.

곱셈과 나눗셈 식을 세울 때 구하고자 하는 답이 무엇인지 아이 스스로 찾을 수 있어야 합니다.

문제 선우네 반 학생 20명이 각자 매일 3L의 물을 절약하려고 합니다. 1년을 365일로 계산한다면 20명이 1년 동안 절약할 수 있는 물의 양은 몇 L인지 풀이 과정을 쓰고 답을 구해 보세요.

풀이 1. 20명이 하루에 절약할 수 있는 물의 양 구하기

▶ 20명이 각자 매일 3L씩 절약하므로 하루에 절약할 수 있는 물은 $20 \times 3 = 60$(L)입니다.

2. 20명이 1년 동안 절약할 수 있는 물의 양 구하기

▶ 하루에 60L씩 365일이므로, 20명이 1년 동안 절약할 수 있는 물은 $60 \times 365 = 21900$(L)입니다.

답 21900L

평면도형의 이동 아이에게 평면도형의 밀기, 뒤집기, 돌리기의 뜻을
충분히 설명해 주세요.

문제 다음은 일정한 규칙에 따라 만들어진 무늬입니다. 무늬가 만들어
진 규칙을 설명해 보세요.

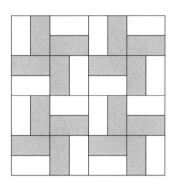

풀이

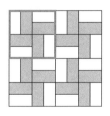

답   ▨ 모양을 시계 방향으로 90°만큼 돌리는 것을 반복해서 모양
을 만들고, 그 모양을 오른쪽과 아래쪽으로 밀어서 무늬를 만들
었다.

그래프란 여러 가지 자료를 분석하여 그 변화를 한눈에 알아볼 수 있도록 직선이나 곡선으로 나타낸 것이라고 아이에게 충분히 설명해 주세요.

문제 우리나라 사람들의 기대수명을 조사하여 나타낸 막대그래프입니다. 2010년과 1990년의 기대수명의 차는 얼마인지 풀이 과정을 쓰고 답을 구해 보세요.

우리나라 사람들의 기대수명

풀이 1. 2010년과 1990년의 기대수명 각각 구하기

▶ 2010년의 기대수명은 80세이고, 1990년의 기대수명은 70세입니다.

2. 2010년과 1990년의 기대수명의 차 구하기

▶ 80 − 70 ＝ 10 이므로 2010년과 1990년의 기대수명의 차는 10세입니다.

답   10세

규칙찾기 쉬운 단원일 거라고 예상하고 접근했다가 많은 부모와 아이가 애를 먹는 단원입니다. 규칙 찾기는 연상법 공부에 도움이 되는 개념으로 중고등학교 교과과정에도 나오기 때문에 완전히 학습해야 합니다. 수 배열, 모형 배열, 계산식, 달력 등에서 규칙을 찾는 연습문제를 많이 풀어 봅시다.

문제 계산식을 보고 규칙을 이용하여 값이 900이 되는 계산식을 구하려고 합니다. 풀이 과정을 쓰고 답을 구해 보세요.

$$200 + 300 - 100 = 400$$
$$300 + 400 - 200 = 500$$
$$400 + 500 - 300 = 600$$
$$500 + 600 - 400 = 700$$
$$\vdots$$

풀이 1. 규칙 찾기

▶ 100씩 커지는 수에 100씩 커지는 수를 더하고 100씩 커지는 수를 빼면 계산 결과도 100씩 커집니다.

수학 잘하는 아이는 외우지 않습니다

2. 값이 900이 되는 계산식 구하기

▶ 규칙에 따라 값이 900이 되는 계산식을 구하면
700 + 800 − 600 = 900입니다.

답   700 + 800 − 600 = 900

분수의 덧셈과 뺄셈 분수의 연산은 아이들이 매우 어려워하는 내용입니다. 특히 분수의 덧셈과 뺄셈에서 자연수 1의 변경 기준은 분모의 수가 된다는 것을 아이가 기억하도록 채점할 때마다 확인해 주세요.

문제 $3\frac{3}{5} + 1\frac{4}{5}$ 를 두 가지 방법으로 계산해 보세요.

답   1. 자연수 부분과 진분수 부분으로 나누어 계산하기

$$\blacktriangleright \; 3\frac{3}{5} + 1\frac{4}{5} = (3+1) + \left(\frac{3}{5} + \frac{4}{5}\right)$$

$$= 4 + \frac{7}{5} = 4 + 1\frac{2}{5} = 5\frac{2}{5}$$

2. 대분수를 가분수로 바꾸어 계산하기

$$\blacktriangleright \; 3\frac{3}{5} + 1\frac{4}{5} = \frac{18}{5} + \frac{9}{5} = \frac{27}{5} = 5\frac{2}{5}$$

삼각형 아이가 삼각형의 조건을 설명할 수 있는지 점검해 주세요.

문제 다음 도형이 이등변삼각형이라는 것을 알 수 있는 방법을 두 가지
써 보세요.

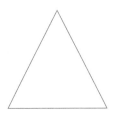

풀이 1. 변의 길이로 알아보기

▶ 두 변의 길이가 같기 때문에 이등변삼각형입니다.

2. 각의 크기로 알아보기

▶ 두 각의 크기가 같기 때문에 이등변삼각형입니다.

답 ① 두 변의 길이가 같고, ② 두 각의 크기가 같기 때문에 이등변삼
각형이다.

소수의 덧셈과 뺄셈 자연수는 눈에 보이는 그대로의 수이지만, 분수나 소수는 개념적인 값, 다시 말해 머릿속에 있는 값이라서 아이에게 쉽게 와닿지 않을 수 있습니다. 특히, 소수의 연산은 소수점의 위치를 맞추어 쓴 후 자연수의 계산처럼 계산하고 나서, 소수점을 내려 찍어주면 된다는 것을 반복해 알려주세요.

문제 초은이는 시장에서 시금치 0.6kg과 콩나물 0.5kg을 샀습니다. 초은이가 산 시금치와 콩나물의 합이 모두 몇 kg인지 두 가지 방법으로 구해 보세요.

풀이 1. 0.1의 개수를 이용하여 구하기

▶ 0.6은 0.1이 6개이고, 0.5는 0.1이 5개이므로 0.6+0.5는 0.1이 11개인 1.1이다. 따라서 초은이가 산 시금치와 콩나물은 모두 1.1(kg)입니다.

2. 세로셈으로 구하기

▶
```
   0.6
 + 0.5
 ──────
   1.1
```

따라서 초은이가 산 시금치와 콩나물은 모두 1.1(kg)입니다.

답 1.1kg

사각형 도형을 배울 때 아이가 삼각자와 각도기를 자유롭게 사용할 수 있도록 도와준다면, 각 도형의 특징을 쉽게 이해할 수 있습니다.

문제 네 변의 길이 합이 48cm인 마름모가 있습니다. 이 마름모의 한 변은 몇 cm인지 풀이 과정을 쓰고 답을 구해 보세요.

풀이 1. 마름모 한 변의 길이를 구하는 방법 이해하기

▶ 마름모는 네 변의 길이가 모두 같으므로 한 변의 길이를 구하려면 네 변의 길이 합을 4로 나누면 됩니다.

2. 마름모 한 변의 길이 구하기

▶ 마름모 한 변의 길이는 $48 \div 4 = 12(cm)$입니다.

답 12cm

꺾은선그래프 서술형문제에서 자주 볼 수 있는 문제의 유형이니, 문제에서 요구하는 답을 아이 스스로 그래프에서 읽고 쓸 수 있게 연습을 많이 시켜주세요.

문제 화초의 2월과 5월 키의 차이가 몇 cm인지 풀이 과정을 쓰고 답을 구해 보세요.

화초의 키

풀이 1. 화초의 2월과 5월 키 각각 구하기

▶ 화초의 2월 키는 8cm이고, 화초의 5월 키는 20cm입니다.

2. 화초의 2월과 5월 키의 차 구하기

▶ 20-8=12(cm)이므로 화초의 2월과 5월 키의 차는 12cm입니다.

답 12cm

수학 잘하는 아이는 외우지 않습니다

다각형 이 단원에서는 다각형을 둘러싼 선분의 길이, 즉 둘레의 값을 물어보는 문제가 자주 등장합니다. 따라서 선분에 따라 평면도형의 특징을 아이가 잘 이해할 수 있도록 충분히 설명해 주세요.

문제   한 변이 3cm인 정다각형이 있습니다. 모든 변의 길이를 더한 합이 18cm일 때 정다각형의 이름은 무엇인지 풀이 과정을 쓰고 답을 구해 보세요.

풀이   1. 정다각형의 변의 수 구하기

▶ 정다각형은 모든 변의 길이가 같으므로 변의 수는 18÷3=6(개)입니다.

2. 정다각형의 이름 쓰기

▶ 변이 6개인 정다각형은 정육각형입니다.

답   정육각형

일상에서 연상 감각 키우기

초등학교 3~4학년 과정에는 새로운 수학 개념이 많이 등장해, 아이가 도구를 통해 각 개념을 이해할 수 있도록 학습 환경을 조성해 주는 것이 매우 중요하다. 백문불여일견이라고, 부모가 반복해서 아이에게 개념을 설명해 주는 것보다 아이가 직접 도형을 만들어 보거나 계산식을 세워 보도록 옆에서 보조해 주는 것이 훨씬 교육 효과가 높다.

다음의 움직이는 교실 워크지는 이에 따라 단원별로 재미있고 다양한 활동을 접목하여 만든 것으로, 가정에서 자주 활용해 보기를 추천한다.

3학년 1학기	주제	움직이는 교실 학습 목표	워크지
1단원	덧셈과 뺄셈	세 자리 수의 덧셈과 뺄셈을 정확하게 계산한다.	• 가족들과 사다리타기를 하며 문제를 풀어 보기
2단원	평면도형	각 도형의 특징을 설명할 수 있다.	• 색종이나 빨대로 도형 만들기 • 선분, 반직선, 직선, 각, 꼭짓점, 변, 직각, 직각삼각형, 직사각형, 정사각형의 각 성질을 적고, 가족들에게 설명하기
3단원	나눗셈	나눗셈으로 평면도형의 변을 계산할 수 있다.	• 정해진 도구의 길이로 도형 만들기 12cm의 실로 정삼각형을 만들려면, 한 변의 길이는 몇 cm일까? 한 변의 길이: 12÷3=4cm (검산식: 3×4=12)
4단원	곱셈	묶음 개념으로 곱셈을 계산할 수 있다.	• 묶는 활동을 해 보기 계란판에 있는 계란을 곱셈으로 표현해 보자. →6개씩 2묶음 총 12개: 6×2=12 우리 반의 모둠을 곱셈으로 표현해 보자. →4명씩 6모둠 총 24명: 4×6=24

5단원	길이와 시간	일상에서 길이와 거리를 어림해 본다.	• 길이와 시간으로 생활 체험표 만들기 지우개 길이를 재보니 (mm)이다. 필통의 길이를 재보니 (cm)이다. 식탁의 한쪽 다리를 재보니 (m)이다. 우리 집에서 학교까지 거리는 (km)이다. 학교에서 1교시 수업을 시작하는 시각은 (시 분)이다. 수요일 학교 수업 시간은 총 (시간 분)이다. 내가 제자리에서 점프하는 데 걸리는 시간은 (초)이다.
6단원	분수와 소수	분수의 등분 개념을 이해한다.	• 피자로 분수 이해하기 가족들과 함께 먹을 피자를 주문해, 다음의 질문에 답해 보자. Q1. 피자 전체 조각 수는 몇 개인가요? Q2. 피자 전체 조각 중 내 몫은 몇 조각인가요?

수학 잘하는 아이는 외우지 않습니다

3학년 2학기	주제	움직이는 교실 학습 목표	워크지
3단원	원	원의 중심을 알고 반지름과 지름을 이 용해 직접 원을 그릴 수 있다.	• 컴퍼스로 원 그리기 반지름이 9cm인 원을 그려 보자. 원의 중심이 똑같은 원을 5개 그 려 보자. 주어진 정사각형 안에 맞춰 원을 그려 보자.
5단원	들이와 무게	표준단위를 이해 한다.	• 일상생활에서 들이와 무게 어림 하기 다음의 표준단위로 어림하여 들이와 무게가 비슷한 물건들을 찾아보자. 100m, 500m, 1000m, 1L, 100g, 500g, 1kg, 50kg
6단원	그래프의 이해	그래프를 보고 내용 을 설명할 수 있다.	• 자료를 수집해 직접 그래프 그려 보기 가족들의 키와 몸무게를 재 보고, 이 를 그래프로 표현해 보자.

※ 1, 2, 4단원은 연산에서 다루었기 때문에 제외했다.

4학년 1학기	주제	움직이는 교실 학습 목표	워크지
1단원	큰 수	자리 수에 따라 단위를 읽을 수 있다.	• 전 세계 인구를 적어 보기 미국, 중국, 일본 등 전 세계 국가 인구를 자리 수에 맞춰 적고, 읽어 보자.
2단원	각도	삼각형의 특징을 이해한다.	• 각도기 활용하기 예각, 직각, 둔각을 그려 보자. 이등변삼각형과 직사각형을 그려 보자.
3단원	곱셈과 나눗셈	연산기호의 뜻을 설명할 수 있다.	• 연산기호를 만든 역사 속 수학자를 찾아보기 연산기호의 유래에 대해 알아보고, 그 개념원리를 이해한다.
4단원	평면도형의 이동	도형의 이동을 연상할 수 있다.	• 모눈종이에 평면도형 그리기 모눈종이에 어떤 도형을 그린 다음 밀기, 뒤집기, 돌리기에 따라 달라지는 모양을 그려 보자. 주어진 도형을 위쪽으로 5번 뒤집은 뒤, 반시계 방향으로 밀었을 때 모양을 그려 보자.
5단원	막대그래프	막대그래프를 보고 내용을 설명할 수 있다.	• 자료를 수집해 직접 그래프 그려 보기 가족들의 키와 몸무게를 재 보고, 이를 그래프로 표현해 보자.
6단원	규칙 찾기	수의 규칙성을 알 수 있다.	• 자연 속 피보나치 수를 알아보기

수학 잘하는 아이는 외우지 않습니다

4학년 2학기	주제	움직이는 교실 학습 목표	워크지
1단원	분수의 덧셈과 뺄셈	분수의 연산을 이해할 수 있다.	• 이집트 신화, 호루스의 눈에 담긴 수학적 미스터리에 관해 알아보기
3단원	소수의 덧셈과 뺄셈	일상에서 활용되는 소수를 이해하고, 읽을 수 있다.	• 100m 육상경기 세계 기록 조사하기 100m 육상경기 기록을 적어, 수의 크기를 비교하고 덧셈과 뺄셈을 해 보자.
4단원	사각형	평행선을 이해하고 사각형을 그릴 수 있다.	• 일상에서 평행선 찾아보기 일상에서 평행선과 평행선 사이의 거리가 수직선인 것을 찾아보자.
6단원	다각형	평행선, 수직, 수선의 개념을 이해하고 다각형을 그릴 수 있다.	• 다각형 그리기 수직과 수선을 그려 보자. 2개의 평행선을 그려 보자. 서로 평행한 사각형을 그려 보자. 마름모, 직사각형, 정사각형, 정삼각형을 그려 보자.

※ 2단원은 6단원에서 함께 다루었고, 5단원은 4학년 1학기 5단원에서 함께 다루었다.

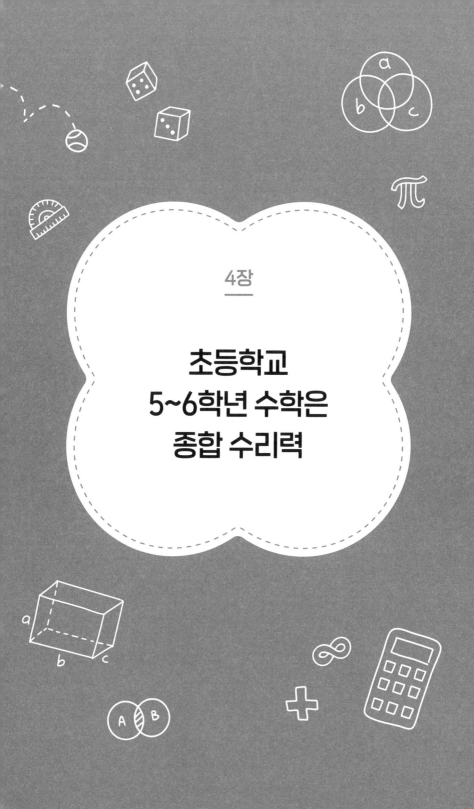

4장
—

초등학교
5~6학년 수학은
종합 수리력

자기주도학습을 할 시기

초등학교 5~6학년의 수학 교과과정은 상당히 까다롭다. 아이가 3~4학년 때 배운 개념원리를 꾸준히 복습해야 하는 동시에 심화학습도 해야 하기 때문이다. 게다가 초등학교 1학년부터 단계적으로 응용 및 심화 학습을 한 아이가 아니라면, 학습의 누적 효과를 기대할 수 없어서 이 시기에 수학을 포기하는 부모와 아이가 많다. 그러나 포기는 금물이다. 중학교에 입학하기 전, 수학의 기초를 다시 세울 기회가 아직 우리에게 있다.

특히 이 시기에 부모가 주의해서 살펴야 하는 부분은 아이가 '학습 무기력'에 빠지지 않았는가 하는 것이다. 과제수행력, 집중력 등 공부하는 데 있어 물리적으로 들여야 하는 힘이 필요한 이때, 아이가 무기력에 빠지면 부모와 아이는 수포자가 될 가능성이 크다. 이러한 전개를 막으려면, 아이에게 학습 정서를 만들어 주어야 한다. 그래서 지난 20여 년간 내가 만난 많은 학생 중에서 학습 정서가 높았던 아이들로부터 발견한 공통점을 소개하며 아이의 학습 정서를 끌어올릴 방법을 알려주고자 한다.

자기주도학습 하기

아이가 정해진 요일, 정해진 시간에 공부하는 것도 중요하지만, 그에 앞서 내가 이 공부를 왜 해야 하는지 스스로 동기를 찾아야 한다. 그래야 친구와 놀고 싶거나 게임을 하고 싶은 유혹을 이겨내, 기꺼이 시간을 내서 공부할 수 있다. 아이에게 학습 동기를 만들어 줄 방법으로는 함께 책을 읽거나 영화, 전시, 공연 등을 관람하는 것 등이 있는데, 이를 통해 다양한 사람의 삶을 아이가 간접적으로 경험해 볼 기회를 얻을 수 있다.

학습의 몰입도 키우기

아이가 동기를 가지고 공부를 시작했다면, 이제는 주변 상황에 개의치 않고 학습에 몰입하는 연습을 해야 한다. 이것은 집중력을 키우는 작업인데, 아이가 언제나 그 어떤 소음이나 방해 없이 조용한 곳에서만 공부할 수는 없기 때문에 이 연습을 반드시 해야 한다. 따라서 일상 소음 속에서도 아이가 차분한 태도로 공부에 집중하는 습관을 기를 수 있도록 옆에서 도와줘야 한다. 아이의 학습 몰입도를 끌어올릴 방법으로는 타이머를 맞춰 놓고, 시간 내에 문제를 풀게 하는 스톱워치 공부법 등을 권한다.

학습량 늘리기

아이의 실력이 올라갔다면, 당연히 학습량도 늘려야 한다. 하루, 일주일, 한 달, 3개월 단위로 문제 풀이의 양을 점차 늘려가는 것이다. 단, 그 분량은 반드시 아이와 부모가 함께 상의한 후에 정해야 한다. 만약 부모가 독단적으로 결정한다면, 아이는 그 학습량을 받아들이지 못할 것이고, 결국에는 공부해야 하는 양이 누적되어 공부를 포기할지도 모른다.

체력 만들기

계획한 과제를 끝까지 마무리하는 끈기는 공부하는 학생에게 필수적인 자세이다. 특히 아이가 중학교와 고등학교에 들어가면 학습 강도가 올라가기에 더욱 강인한 끈기와 인내심이 요구되는데, 이 자세는 건강과 직결되어 있다. 부모가 늘 곁에서 챙길 수는 없기에 아이 스스로 자신의 건강을 챙길 수 있도록 좋은 식습관과 운동습관을 갖도록 해야 한다.

건전한 교우관계 만들기

학교생활이 즐거워야 공부도 재밌다. 그럼 학교생활이 어떠해야 아이는 즐거울까? 바로 친구들과의 관계가 좋아야 한다. 혹 아이가 교우관계 맺기에 서투르고 학교생활에 잘 적응하지 못한다면, 아이에게 마냥 조언하려고 하지 말고, 일단 아이의 마음에 충분히 공감해 주자. 그것만으로 아이는 큰 위로를 받을 것이다. 그리고 아이와 함께 '먼저 인사하기' 연습을 하면서 상대가 다가와 주기만을 기다리는 소극적이고 수동적인 모습에서 벗어나 적극적이고 능동적인 태도로 친구를 사귈 수 있도록 응원하자.

이렇게 아이의 학습 정서를 만드는 다섯 가지 방법과 함께 부모님들께 당부드리고 싶은 것이 있다. 나는 종종 이런 아이들을 만나곤 한다. 분명 질문이 있어 보이는 얼굴인데, 다가와서는 우물쭈물하는 것이다. 무엇 때문에 고민하고 있는지 조심스럽게 물어보면, 대개 아이들은 이렇게 대답한다. "질문하는 게 창피해서요." 가정에서든 학교에서든 학원에서든 어디에선가 자신이 모르는 것을 부모님이나 선생님에게 질문했는데, 무안을 당한 경험이 있는 것이다. 이런 경험은 한 번으로도 아이에게 큰 트라우마를 남겨, 이후 공부하는 데 많은 영향을 미친다.

학습의 원동력은 '질문하는 것'이다. 학생은 자신이 모르는 것이 무엇인지 파악하고, 그것을 질문하면서 답을 찾아가야 한다. 근데 아이가 질문하는 일에 부끄러움을 느낀다면, 진일보할 수 없다. 그러니 아이가 모르는 것을 질문한다면, 그 내용을 귀 기울여 듣고 성심성의껏 대답해 주도록 하자.

초등학교 5~6학년 부모들의 가장 큰 관심사를 살펴보면, 아이의 선행학습을 빼놓을 수 없다. 특히 대부분 부모는 6학년인 자녀가 중학교 수학을 모두 배웠는지를 두고, 아이가 중학교에 입학해 상위권으로 진입할 수 있는지 없는지를 판단하려고 한다. 이러한 생각은 굉장히 위험하다. 왜냐하면 중학교 수학 과정을 모두 배웠다고 하는 아이에게 관련 문제를 풀게해 보면, 반 이상이 그 문제를 풀지 못하기 때문이다(심지어 문제를 이해하지 못하는 아이도 있다). 더 심각한 문제는 초등학교 수학 단원은 모두 이해했는지 확인하기 위해, 아이들에게 문제를 내보면 그 문제들마저도 제대로 이해하지 못한다는 것이다. 반복해 이야기하지만, 모든 학습에서 가장 중요한 것은 예습이 아니라 '복습'이다. 아이가 정말 개념을 이해하고 다음 단원으로, 다음 학년으로 넘어간 것인지 '기본-응용-심화 문제'를 통해 반드시 아이의 학습 상태를 확인해야 한다. 초등학교 졸업 전, 이 문제만 해결해도 아이가 중학교에 올라가 상위권에 진입할 수 있다는 것을 꼭 기억하자.

학습 포인트는
완전 학습

초등학교 5~6학년 때 배우는 수학 개념은 대부분 중학교 수학 교육과정과 연계되어 있기에 각 단원을 꼼꼼히 학습해야 한다. 특히 비와 비율, 비례식과 비례배분은 중학교 수학 교육과정과 직접적으로 연결되어서 매우 중요한 단원이다. 게다가 도형 단원에서는 대부분 아이들이 문제를 푸는 요령만 배우고 넘어가는 때가 많은데, 이 단원은 중학교 1, 2학년 때 심화되는 내용으로 초등학교를 졸업하기 전에 기본 개념을 확실히 이해하고 넘어가야 한다.

6학년은 초등학교 때 배운 단원을 총정리하는 때이기도 하지만, 중학교 수학 과정을 준비하는 시기이기도 하다. 선행학습과 복습이 모두 중요한 때로, 아이의 학업 부담감이 커질 수 있기 때문에 부모는 아이가 지치지 않도록 아이의 체력 및 스트레스를 잘 관리해 줘야 한다.

나아가 아이가 초등학교를 졸업하기 전에, 학업 준비를 스스로 하는 습관을 기를 수 있도록 도와줘야 한다. 초등학교에서는 모든 수업이 끝난 후에, 담임 선생님이 알림장을 통해 다음날의 준비물이나 과제를 다시 한번 확인해 준다. 그러나 중학교에서는 과제나 준비물을 학생 스스로 챙겨야 한다. 특히 중학교에서는 교과마다 다른 선생님이 수업을 주관하고, 그때마다 다음 시간까지 아이가 해야 할 과제나 준비물을 공지한다. 즉, 모든 수업이 끝난 후에 담임 선생님이 알림장을 통해 아이가 해야 할 일을 다시 알려주지 않는다. 그래서 아이가 스스로 메모하며, 각 과목의 과제를 챙겨야 한다. 물론 아이가 아직 준비되지 않았더라도 너무 조급해할 필요는 없다. 늦었다고 생각할 때가 가장 빠른 때이니, 아이가 중학교에 입학하기 전까지 '스스로 하는 습관'을 들일 수 있도록 곁에서 적극적으로 도와주도록 하자.

다음은 학년별 단원에 따라 아이가 이해하고 넘어갔는지 반드시 확인해야 하는 개념을 정리한 것이다. 예를 들어, 5학년 1학기 '자연수의 혼합계산' 단원에서 ①, ②, ③ 내용을 아이가 해낼 수 있는지 확인한 후, 다음 진도를 나갈 수 있도록 학습 상태를 확인해 보기를 권한다.

🎓 5학년을 위한 수학 교과 학습 지도

교과서 목차	1학기: 자연수의 혼합계산, 약수와 배수, 규칙과 대응, 약분과 통분, 분수의 덧셈과 뺄셈, 다각형의 둘레와 넓이 2학기: 수의 범위와 어림하기, 분수의 곱셈, 합동과 대칭, 소수의 곱셈, 직육면체, 평균과 가능성
교과서 중요 개념	최대공약수-최소공배수 이해, 도형의 둘레와 넓이 구하기
교과서에 없는 중요 개념	분수의 성질, 소수 중 약수가 2개인 수, 삼각형으로 넓이 구하기

🎓 6학년을 위한 수학 교과 학습 지도

교과서 목차	1학기: 분수의 나눗셈, 각기둥과 각뿔, 소수의 나눗셈, 비와 비율, 여러 가지 그래프, 직육면체의 겉넓이와 부피 2학기: 분수의 나눗셈, 소수의 나눗셈, 공간과 입체, 비례식과 비례배분, 원의 넓이, 원기둥, 원뿔, 구
교과서 중요 개념	비례식과 비례배분 이해, 각기둥-각뿔-원기둥-원뿔-구에 대한 이해
교과서에 없는 중요 개념	소수점의 위치, 비와 분수, 등식의 성질로 방정식 풀기, 문장식의 분수

수학 잘하는 아이는 외우지 않습니다

자연수의 혼합계산

① 혼합계산식에서 계산 순서에 따라 결과가 달라지는 것을 이해한다.

② 괄호를 사용하면 복잡한 식을 한 번에 계산할 수 있다는 것을 이해한다.

약수와 배수

① 약수와 배수의 의미를 알고, 자연수의 약수와 배수를 구할 수 있다.

② 곱을 이용하여 약수와 배수의 관계를 설명할 수 있다.

③ 공약수와 최대공약수, 최소공배수의 의미를 알고, 각각을 구할 수 있다.

규칙과 대응

① 대응 관계의 의미를 이해할 수 있다.

② 두 값의 대응 관계를 찾아 △, ○, □ 등을 사용하여 식으로 나타낼 수 있다.

③ 일상에서 대응 관계를 찾아, 관계를 추측하고 식으로 표현할 수 있다.

약분과 통분

① 크기가 같은 분수를 이해할 수 있다.

② 약분과 통분의 뜻을 알고, 분수를 약분과 통분할 수 있다.

③ 분수와 소수의 관계를 이해하고, 분수와 소수의 크기를 비교할 수 있다.

분수의 덧셈과 뺄셈

① 분모가 다른 진분수의 덧셈에서 통분의 필요성을 이해한다.

② 진분수의 덧셈과 대분수의 덧셈을 할 수 있다.

③ 진분수의 뺄셈과 대분수의 뺄셈을 할 수 있다.

다각형의 둘레와 넓이

① 정다각형과 사각형의 둘레를 구할 수 있다.

② 넓이의 표준단위를 인식하고, 사각형의 넓이를 구할 수 있다.

③ $1cm^2$와 $1m^2$, $1m^2$와 $1km^2$ 사이의 관계를 이해한다.

5학년 2학기

수의 범위와 어림하기

① 이상과 이하를 이해하고, 범위에 있는 수를 수직선에 나타낼 수 있다.

수학 잘하는 아이는 외우지 않습니다

② 초과와 미만을 이해하고, 범위에 있는 수를 수직선에 나타낼 수 있다.

③ 올림, 버림, 반올림의 뜻을 알고, 올림하여 어림수로 나타낼 수 있다.

분수의 곱셈

① (분수×자연수), (자연수×분수)의 계산원리를 이해하고 계산할 수 있다.

② (진분수×진분수)의 계산원리를 이해하고 계산할 수 있다.

③ (대분수×대분수)의 계산원리를 이해하고 계산할 수 있다.

합동과 대칭

① 합동 개념을 이해하고 서로 합동인 도형을 찾을 수 있다.

② 서로 합동인 두 도형에서 대응점, 대응변, 대응각을 찾고 도형을 그릴 수 있다.

③ 선대칭도형과 점대칭도형의 대칭축을 이해하고 그릴 수 있다.

소수의 곱셈

① (소수×자연수), (자연수×소수)의 결과를 어림하여, 계산원리를 이해하고 계산할 수 있다.

② (소수×소수)의 결과를 어림하여, 계산원리를 이해하고 계산할 수 있다.

③ 소수의 곱셈에서 소수점의 위치 변화를 이해하여 계산할 수
있다.

직육면체

① 직육면체와 정육면체의 특징과 구성요소를 안다.

② 직육면체와 정육면체의 공통점과 차이점을 안다.

③ 정육면체와 직육면체의 전개도, 직육면체의 겨냥도를 이해하
고 그릴 수 있다.

평균과 가능성

① 평균의 의미를 이해하고 구할 수 있다.

② 평균을 이용하여 여러 가지 문제를 해결할 수 있다.

③ 일이 일어날 가능성을 수로 표현하고 비교할 수 있다.

6학년 1학기

분수의 나눗셈

① (자연수)÷(자연수) 계산과정을 설명하고 몫을 구할 수 있다.

② (진분수)÷(자연수) 계산과정을 설명하고 몫을 구할 수 있다.

③ (대분수)÷(자연수) 계산과정을 설명하고 몫을 구할 수 있다.

수학 잘하는 아이는 외우지 않습니다

각기둥과 각뿔

① 각기둥의 각 명칭(밑면, 옆면, 모서리, 꼭짓점, 높이)을 이해한다.

② 각기둥의 전개도를 그릴 수 있고, 전개도를 보고 어떤 도형인지 알 수 있다.

③ 각뿔의 각 명칭(밑면, 옆면, 모서리, 꼭짓점, 높이)을 이해한다.

소수의 나눗셈

① 각 자리에서 나누어떨어지지 않는 (소수)÷(자연수)의 계산원리를 이해하고 계산할 수 있다.

② (자연수)÷(자연수)의 몫을 소수로 나타낼 수 있다.

③ 몫을 어림하여 소수점 위치가 옳은지 확인할 수 있다.

비와 비율

① 비의 뜻을 알고 일상에서 비가 사용되는 상황을 비의 기호로 나타낼 수 있다.

② 비율의 뜻을 알고 비율을 구해 크기를 비교할 수 있다.

③ 백분율의 뜻을 알고 비율을 백분율로 나타낼 수 있다.

여러 가지 그래프

① 그림그래프를 이해하고 해석할 수 있다.

② 띠그래프를 이해하고, 전체에 대한 각 부분의 비율을 나타낼 수 있다.

③ 원그래프를 이해하고 해석할 수 있다.

직육면체의 부피와 겉넓이

① 직육면체와 정육면체의 부피를 구하는 방법을 식으로 나타낼 수 있다.

② 부피의 단위 관계인 $1cm^3$를 이해한다.

③ 직육면체와 정육면체의 겉넓이를 구할 수 있다.

6학년 2학기

분수의 나눗셈

① (분수)÷(분수)의 계산원리를 이해하고 계산법을 찾아 계산할 수 있다.

② 분모가 다른 분수의 나눗셈 계산원리를 이해하고 계산할 수 있다.

③ 분수의 나눗셈을 분수의 곱셈으로 바꾸어 계산할 수 있다.

소수의 나눗셈

① 자연수의 나눗셈을 이용하여 (소수)÷(소수)의 계산원리를 이해하고 계산할 수 있다.

② (자연수)÷(소수)의 계산원리를 이해하고 계산할 수 있다.

수학 잘하는 아이는 외우지 않습니다

③ 소수의 나눗셈 몫을 반올림하여 나타낼 수 있다.

공간과 입체

① 쌓기나무로 쌓은 모양과 위에서 본 모양으로 쌓기나무 개수를 추측할 수 있다.

② 쌓기나무로 쌓은 모양을 보고 각 측면의 모양을 그릴 수 있고, 개수를 추측할 수 있다.

③ 쌓기나무로 쌓은 모양을 보고 층별 개수를 추측할 수 있다.

비례식과 비례배분

① 비의 전항과 후항을 알고, 곱하거나 나누어도 비율이 같다는 것을 이해한다.

② 비율이 같은 두 비를 등식으로 나타낸 비례식을 이해하며, 비례식의 외항과 내항을 안다.

③ 비례배분의 의미를 알고, 주어진 양을 비례배분할 수 있다.

원의 넓이

① 원주와 지름의 관계를 이해하고 원주율을 설명할 수 있다.

② 모눈종이를 사용하여 원의 넓이를 어림할 수 있으며, 원에 내접 혹은 외접하는 정사각형을 사용해 원의 넓이를 어림할 수 있다.

③ 원의 넓이를 구하는 방법을 활용해 여러 가지 모양의 원의 넓

이를 구할 수 있다.

원기둥, 원뿔, 구

① 원기둥의 구성요소와 성질을 이해하고 원기둥의 전개도를 그릴 수 있다.

② 원뿔과 구의 구성요소와 성질을 이해하고 설명할 수 있다.

③ 여러 가지 모양의 원기둥, 원뿔, 구를 만들 수 있다.

수학 잘하는 아이는 외우지 않습니다

연산 전쟁에서 승리하는
마지막 거름망

    초등학교 5~6학년의 연산 문제는 1학년부터 4학년까지 나선형 교육과정을 통해 배운 수학의 모든 개념을 총집합한다. 복잡하고 어려운 동시에 정확성과 속도감까지 요구한다. 따라서 공부해야 하는 양이 많더라도 아이가 초등학교 졸업 전 마지막으로, 1~4학년 때 배운 내용을 다시 한번 짚어 본다면 최고의 학습 효과를 낼 수 있을 것이다. 이때 여타의 문제집은 필요 없고, 교과서 수학익힘책에서 오답을 확인한 다음, 왜 틀렸는지 그 이유를 아이가 분명하게 이야기할 수 있을 정도로 점검하면 된다.

    반면 통상 부모들은 아이가 초등학교 고학년이 되면, 아이 스스로 연산 공부는 잘하겠거니 하며 더는 관여하지 않는데, 이것은 커다란 '실'을 불러올 수 있다. 연산은 수학의 기초 개념이다. 아이가 고학년이 되었어도 부모는 긴장의 끈을 놓지 말고, 아이가 연산 문제를 외워서 푸는 것인지 아니면 그 원리를 정말 이해하고 푸는 것인지 꼭 확인해야 한다.

만약 아이가 연산을 외워서 푼다면, 옆에서 아이의 연산 풀이과정을 꼼꼼히 살펴본 후에 아이에게 틀린 문제는 반드시 오답노트를 만들도록 하는 게 좋다. 연산은 고학년 수리 과정을 위한 준비 학습으로, 지금 당장 아이가 연산 문제에서 헤맨다고 해서 크게 걱정할 필요는 없다. 나중을 위해 훈련한다고 생각하고, 아이가 개념을 이해한 다음에 연산할 수 있도록 아이에게 계산원리를 반복해 설명해 주도록 하자.

다음은 이러한 득과 실에 맞춰, 초등학교 5~6학년 때 꼭 알고 넘어가야 할 연산법에 관해 다루었다. 초등학교 졸업 전, 연산의 마지막 점검이라고도 할 수 있으니 모든 단원을 꼼꼼히 확인하고 넘어가도록 하자.

수학 잘하는 아이는 외우지 않습니다

5학년 1학기

자연수의 혼합계산에서는 약속된 계산의 순서를 익히고, 정확하게 계산할 수 있는 능력을 기르도록 한다. 이 단원에서 배우는 약수와 배수는 초등학교 3~4학년 때 배운 곱셈과 나눗셈의 연산 개념을 바탕으로 정의되므로 계산 알고리즘에 집중하기보다는 학습 수준을 높여 약수와 배수, 최대공약수, 최소공배수의 개념을 이해하고, 이를 응용해 문제를 풀 수 있는 훈련을 하는 게 좋다. 이 과정에서 아이가 분수를 약분하고 통분할 때 자기만의 계산법을 찾았다면, 이 단원은 완벽하게 공부한 것이다.

자연수의 혼합계산 자연수의 사칙계산을 기초로 하여 괄호가 있을 때와 없을 때의 계산 순서를 고려해 계산할 수 있는 능력을 키워야 한다. 계산 속도를 올리고 싶다면, 연습문제를 많이 푸는 수밖에 없다.

약수와 배수 자연수 범위에서 약수와 배수, 공약수와 최대공약수, 공배수와 최소공배수 문제를 여러 가지 방법으로 푸는 연습을 해야 한다. 다만 아이가 두 수의 공약수와 공배수를 찾고 나서 최대공약수와 최소공배수를 찾는 이유를 충분히 숙지한 다음, 연산 훈련을 해도 늦지 않다.

약분과 통분 분수를 간단하게 나타내는 방법인 약분과 분모가 다른 분수를 계산하는 방법인 통분은 약수와 배수에 기초하는 연산법으로, 아이가 약수와 배수의 개념을 제대로 알고 있는지 다시 한번 확인한다.

5학년 2학기

분수의 곱셈에서는 분자는 분자끼리, 분모는 분모끼리 곱한다는 계산 알고리즘을 이해하면, 쉽게 연산할 수 있다. 어려운 부분은 소수의 곱셈에서 소수점의 위치에 따라 수의 크기가 달라진다는 개념을 이해하는 것인데, 이 또한 아이에게 많은 문제를 풀어보게 하며 원리를 스스로 깨칠 수 있도록 해야 한다.

분수의 곱셈 분수의 곱셈 단원에서는 곱셈도 잘해야 하지만, 분수의 개념을 정확히 이해하지 못하면 응용문제에서 문제 내용조차 이해하지 못해 헤맬 수 있다. 따라서 아이가 분수 개념을 잘 잡을 수 있도록 여러 번 설명해 줘야 한다.

소수의 곱셈 연산 단원이라고 만만하게 보면 큰코다친다. 숫자를 많이 써야 하고, 단위 전환도 생각해야 하며, 소수점도 꼼꼼하게 찍어야 해서 덜렁대는 아이라면 실수를 자주 할 수 있다. 따라서 문제를 많이 푸는 것도 중요하지만, 풀이 과정을 정갈하게 쓰는 연습도 해야 한다.

수학 잘하는 아이는 외우지 않습니다

6학년 1학기

분수의 나눗셈은 계산 알고리즘을 외우고 푸는 것보다 원리를 이해하고 푸는 것이 더 쉽다. 더욱이 응용 및 심화 문제를 풀 때도 막힘 없이 문제를 풀 수 있다. 소수의 나눗셈에서는 소수를 분수로 바꿔 계산하는 방법과 소수 그대로 세로셈을 하는 방법 모두 아이가 활용할 수 있도록 연습해야 한다.

> **분수의 나눗셈** 아이가 분수와 분수의 나눗셈을 분수와 분수의 곱셈으로 바꾸어 표현할 수 있다는 것을 인지하고 연산한다면, 정확하고 빠르게 계산할 수 있다.
>
> **소수의 나눗셈** 소수의 나눗셈을 자연수의 나눗셈처럼 세로셈으로 풀면, 소수점을 찍는 과정에서 아이는 반드시 실수한다. 소수점의 위치를 혼동하지 않도록 소수를 분수로 바꾸어 계산하면 좋은 이유를 아이에게 설명해 주면 좋다.

6학년 2학기

분수의 나눗셈과 소수의 나눗셈은 중학교 수학과 연계되는 단원으로, 아이가 해당 연산 원리를 반드시 깨치고 초등학교를 졸업해야 한다. 이 외 비례식과 비례배분, 원의 넓이는 아이가 기초 개념만 이해한다면 응용문제도 어려움 없이 풀 수 있다.

분수의 나눗셈 계산법을 외우는 데 집중하기보다는 계산원리를 이해하는 데 초점을 맞추어야 한다. 특히 대개 아이들은 나눗셈을 하면 값이 무조건 작아진다고 생각하는데, 그렇지 않다는 것을 많은 문제를 풀어 보며 직접 깨닫도록 하면 좋다.

소수의 나눗셈 '나머지'라는 용어 대신, '나누어 주고 남은 양'이라는 개념을 아이에게 심어 주도록 한다.

비례식과 비례배분 이 단원은 초등학교 6학년 때 한 번 배우고, 중고등학교에서는 물론 성인이 되어서도 활용하는 수학 개념으로 특별히 잘 익혀두면 좋다. 다만 비례식을 활용하는 방법이 다양해서 아이의 풀이 과정을 살펴본 후, 형식에 맞는지 꼭 확인해야 한다.

원의 넓이 아이가 원주율, 원의 넓이, 원주를 구하는 공식을 잘 활용하도록 연습문제를 많이 풀어 본다면, 이 단원을 이해하는 데 도움 받을 수 있다.

수학 잘하는 아이는 외우지 않습니다

 응용문제 **5학년** △

분수의 곱셈 60진법의 개념을 아이가 잘 알고 있는지 확인합니다. 1시간 = 60분, 1분 = 60초, 1시간과 1시간의 $\frac{1}{2}$ = 1시간 30분이 된다는 것도 아이가 이해하는지 확인해 주세요.

문제   한 시간에 $3\frac{1}{3}$ 분씩 빨라지는 시계가 있습니다. 이 시계를 오전 10시에 정확히 맞추어 놓았을 때, 같은 날 오후 7시에 이 시계가 가리키는 시각은 몇 시 몇 분일까요?

풀이   ▶ 한 시간에 $3\frac{1}{3}$ 씩 빨라지는 가운데,

같은 날 오후 7시는 오전 10시로부터 9시간 후이므로

$3\frac{1}{3} \times 9 = \frac{10}{\cancel{3}} \times \cancel{9}^{3} = 30(분)$이 빨라지게 됩니다.

따라서 오후 7시에 시계가 가리키는 시각은 오후 7시 30분입니다.

답   오후 7시 30분

소수의 나눗셈 소수점 아래까지 구해야 하는 식에서는 아이가 문제를 끝까지 읽고, 소수 몇 번째 자리까지 구해야 하는지 스스로 확인하는 힘을 기르도록 도와줘야 합니다.

문제 일정한 빠르기로 3시간 30분 동안 403.7km를 달린 기차가 있습니다. 이 기차는 한 시간 동안 몇 km를 달린 셈인지 반올림하여 소수 첫째 자리까지 나타내어 보세요.

풀이 ▶ 3시간 30분은 3.5시간이므로
(기차가 한 시간 동안 달린 거리)

= (달린 거리) ÷ (달린 시간)

= 403.7 ÷ 3.5 = 4037 ÷ 35 = 115.342……

몫을 반올림하여 소수 첫째 자리까지 나타내면 115.3이므로 기차는 한 시간 동안 115.3km를 달린 셈입니다.

답 115.3km

서술형의 시작

수학 자신감으로 무장하기

아이가 서술형문제를 능숙하게 풀 수 있다는 것은 초등학생 때 독서를 통해 다진 문해력으로 다양한 문제를 해결할 수 있는 능력을 갖춘 상태라는 것이다. 따라서 아이가 어느 정도 실력을 갖췄다면, 지체하지 말고 서술형문제에 적극적으로 도전해야 한다. 앞으로 초등 교육은 단순히 아이의 연산 실력을 시험하는 데 그치지 않고, 아이가 문장형문제에서 정답을 어떻게 도출해 내는지 그 과정을 보고 평가할 것이다. 따라서 아이가 초등학교 5~6학년이 되었다면 아무리 긴 문장의 문제를 만나도 당황하지 않고 차분히 문제를 읽고 답을 찾는 연습을 해야 한다.

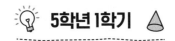
5학년 1학기

자연수의 혼합계산 아이가 문제를 읽고 사칙연산을 이용해 식을 만들지 못한다면, 아이의 독해력을 점검해 봐야 합니다.

문제 승현이네 반 학생 수는 5명씩 4모둠입니다. 40개의 리본을 승현이네 반 학생들에게 똑같이 나누어 주었습니다. 한 명에게 나누어 준 리본은 몇 개입니까?

풀이 $40 \div (5 \times 4)$

$= 40 \div 20$

$= 2$

답 2개

수학 잘하는 아이는 외우지 않습니다

약수와 배수 아이가 새로운 단어를 배울 때마다 그 내용을 어휘사전노트에 정리한다면, 중학교에 올라가서도 노트를 유용하게 활용할 수 있습니다.

문제   75와 90의 최대공약수를 두 가지 방법으로 구해 보세요.

풀이   1. 각각의 약수를 구해 공약수를 찾고, 공약수 중에서 가장 큰 수를 찾아 구하기

▶ · 75의 약수: ①, ③, ⑤, ⑮, 25, 75

· 90의 약수: ①, 2, ③, ⑤, 6, 9, 10, ⑮, 18, 30, 45, 90

· 75와 90의 공약수: 1, 3, 5, 15

⇨ 75와 90의 최대공약수: 15

2. 공약수로 나누어 구하기

▶ 3) 75 90
　 5) 25 30
　　　 5   6

⇨ 75와 90의 최대공약수: 3 × 5 = 15

답   15

규칙과 대응 아이가 일상에서 규칙과 대응의 개념을 활용해 문제를 만드는 연습을 많이 할수록 좋습니다.

문제 △와 □ 를 사용하여 대응 관계를 나타내는 상황을 한 가지 쓰고, 그 상황에 알맞은 식을 써 보세요.

풀이 1. △와 □ 를 사용하여 대응 관계를 나타낸 상황 한 가지 쓰기

▶ 색연필 묶음의 수(△)는 색연필의 수(□)를 12로 나눈 수와 같습니다.

2. 위 1에서 나타낸 상황에 알맞은 식 쓰기

▶ □ ÷ 12 = △

답 □ ÷ 12 = △

수학 잘하는 아이는 외우지 않습니다

약분과 통분 아이에게 분수의 연산에서 약분과 통분이 왜 필요한지 물어보세요.

문제 $\dfrac{12}{32}$ 와 크기가 같은 분수를 두 가지 방법으로 만들어 보세요.

풀이   1. 분모와 분자에 각각 0이 아닌 같은 수를 곱하여 만들기

▶ 분모와 분자에 각각 2를 곱합니다.

$$\Rightarrow \frac{12}{32} = \frac{12 \times 2}{32 \times 2} = \frac{24}{64}$$

2. 분모와 분자를 각각 0이 아닌 같은 수로 나누어 만들기

▶ 분모와 분자를 각각 4로 나누어 봅니다.

$$\Rightarrow \frac{12}{32} = \frac{12 \div 4}{32 \div 4} = \frac{3}{8}$$

답 $\dfrac{24}{64}$, $\dfrac{3}{8}$

분수의 덧셈과 뺄셈 진분수와 대분수의 계산식은 복잡하고 길어서, 아이가 계산할 때 실수하지 않도록 주의하는 연습을 해야 합니다.

문제 세령이는 빨간색 테이프를 $\frac{11}{14}$ m, 보라색 테이프를 $\frac{16}{21}$ m 가지고 있습니다. 어느 색 테이프를 몇 m 더 많이 가지고 있는지 풀이 과정을 쓰고 답을 구해 보세요.

풀이 1. $\frac{11}{14}$ 과 $\frac{16}{21}$ 의 크기 비교하기

▶ $\frac{11}{14} = \frac{33}{42}, \frac{16}{21} = \frac{32}{42}$ 이므로

$\frac{33}{42} > \frac{32}{42} \Rightarrow \frac{11}{14} > \frac{16}{21}$

2. 어느 색 테이프를 몇 m 더 많이 가지고 있는지 구하기

▶ $\frac{11}{14} - \frac{16}{21} = \frac{33}{42} - \frac{32}{42} = \frac{1}{42}$ 이므로

세령이는 빨간색 테이프를 $\frac{1}{42}$ m 더 많이 가지고 있습니다.

답 빨간색 테이프, $\frac{1}{42}$ m

수학 잘하는 아이는 외우지 않습니다

다각형의 둘레와 넓이 다각형의 둘레와 넓이를 구할 때, 삼각형을 활용하면 답을 구하기가 더 쉽다는 것을 아이에게 설명해 주세요.

문제 사다리꼴의 넓이를 두 가지 방법으로 구해 보세요.

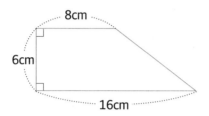

풀이 1. 삼각형 2개로 나누어 사다리꼴의 넓이 구하기

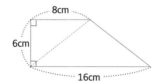

▶ 삼각형 2개로 나누어 사다리꼴의 넓이를 구하면

$(16 \times 6 \div 2) + (8 \times 6 \div 2) = 48 + 24 = 72 \, (cm^2)$입니다.

2. 공식을 이용하여 사다리꼴의 넓이 구하기

▶ 공식을 이용하여 사다리꼴의 넓이를 구하면

$(8 + 16) \times 6 \div 2 = 72 \, (cm^2)$입니다.

답 72cm²

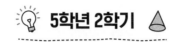

5학년 2학기

수의 범위와 어림하기 "○의 자리까지 버림한다"라는 문장의 의미를 아이가 제대로 이해했는지 확인해 주세요.

문제 다음 수를 버림하여 백의 자리까지 나타낸 수와 버림하여 십의 자리까지 나타낸 수의 차는 얼마인지 풀이 과정을 쓰고 답을 구해 보세요.

> 6328

풀이 1. 버림하여 백의 자리까지 나타낸 수와 버림하여 십의 자리까지 나타낸 수 각각 구하기

▶ 6328을 버림하여 백의 자리까지 나타내면 6300이고, 버림하여 십의 자리까지 나타내면 6320입니다.

2. 위 1에서 구한 두 수의 차 구하기

▶ 6320 − 6300 = 20

답 20

수학 잘하는 아이는 외우지 않습니다

분수의 곱셈 아이가 분수의 곱셈식에서 헤맨다면, 아이의 풀이 과정을 한번 확인해 보세요. 그럼 어디서 헤매고 있는지 보입니다.

문제   유나네 초등학교 5학년 학생 수는 전체 학생의 $\frac{1}{6}$ 입니다. 5학년의 $\frac{4}{9}$ 는 여학생이고, 그중 $\frac{3}{7}$ 은 수학을 좋아합니다. 수학을 좋아하는 5학년 여학생은 전체 학생의 얼마일까요?

풀이 $\dfrac{1}{\cancel{6}_3} \times \dfrac{\cancel{4}^2}{\cancel{9}_3} \times \dfrac{\cancel{3}^1}{7} = \dfrac{2}{63}$

답 $\dfrac{2}{63}$

합동과 대칭 아이가 선대칭도형과 점대칭도형의 특징을 설명할 수 있는지 확인해 주세요.

문제 두 삼각형은 서로 합동입니다. 그렇다면 각 ㄱㄷㄴ은 몇 도일까?

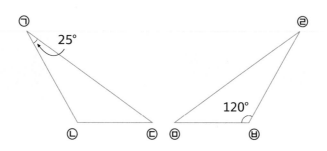

풀이 대칭도형의 특징을 이용하여 계산식 세우기

▶ (각 ㄱㄴㄷ)=(각 ㄹㅂㅁ)=120°

삼각형 세 각의 합은 180°이므로

(각 ㄱㄷㄴ)=180°-25°-120°=35°입니다.

답 35°

소수의 곱셈 분수와 소수의 혼합계산은 초등 수학의 응용 및 심화 문제를 풀 때, 꼭 활용되는 개념입니다. 따라서 아이가 수학 상위권을 꿈꾼다면, 반드시 훈련해야 하는 필수 단원입니다.

문제 0.25 × 16을 두 가지 방법으로 계산해 보세요.

풀이 1. 분수의 곱셈으로 계산하기

▶ $0.25 \times 16 = \dfrac{25}{100} \times 16 = \dfrac{25 \times 16}{100} = \dfrac{400}{100} = 4$

2. 자연수의 곱셈으로 계산하기

▶ $25 \quad \times \quad 16 \quad = \quad 400$
$\Big)\dfrac{1}{100}$ 배 $\qquad \Big)\dfrac{1}{100}$ 배
$0.25 \quad \times \quad 16 \quad = \quad 4$

답 4

직육면체 아이에게 직육면체의 특징을 여러 번 설명해 주세요.

문제 도형이 직육면체가 <u>아닌</u> 이유를 써 보세요.

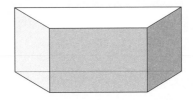

답 직육면체는 6개의 직사각형으로 이루어져 있는데, 주어진 도형은 2개의 사다리꼴과 4개의 직사각형으로 이루어져 있어서 식육년 체가 아니다.

수학 잘하는 아이는 외우지 않습니다

평균과 가능성 아이와 함께 강수량, 일조량, 전기량 등의 통계자료를 이용해 평균값을 구하고, 서로 비교하는 연습을 자주 할수록 아이는 이 단원을 쉽게 이해할 수 있습니다.

문제 서율이가 4일 동안 마신 주스의 양을 나타낸 표입니다. 서율이가 마신 주스 양의 평균을 두 가지 방법으로 구해 보세요.

요일	월	화	수	목
주스의 양 (mL)	250	300	280	290

풀이 1. 평균을 예상해 자료의 값을 고르게 하여 평균 구하기

▶ 평균을 280mL로 예상한 후 280, (250, 300, 290)으로 자료의 값을 고르게 하면, 서율이가 4일 동안 마신 주스 양의 평균은 280mL입니다.

2. 자료의 값을 모두 더해 자료의 수로 나누어 평균 구하기

▶ $\dfrac{250+300+280+290}{4}$

$\dfrac{1120}{4} = 280(\text{mL})$

답 280mL

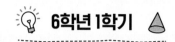

분수의 나눗셈 아이가 '분수÷분수'를 '분수×분수'의 형태, 즉 '역수'로 식을 바꾸어 계산하는 것을 알고 있는지 점검해 주세요.

문제 윤지는 설탕 $\frac{3}{5}$ kg을 5봉지에 똑같이 나누어 담으려고 합니다. 한 봉지에 담아야 하는 설탕은 몇 kg인지 풀이 과정을 쓰고 답을 구해 보세요.

풀이 한 봉지에 담아야 하는 설탕의 무게 구하기

▶ 전체 설탕의 무게를 봉지의 수로 나누면 되므로

$$\frac{3}{5} \div 5 = \frac{3}{5} \times \frac{1}{5} = \frac{3}{25} \,(\text{kg})$$입니다.

답 $\frac{3}{25}$ kg

수학 잘하는 아이는 외우지 않습니다

각기둥과 각뿔 각기둥과 각뿔의 전개도를 직접 만들어 본다면, 개념 이해에 큰 도움이 됩니다.

문제 전개도를 접었을 때 만들어지는 각기둥의 모서리는 몇 개인지 풀이 과정을 쓰고 답을 구해 보세요.

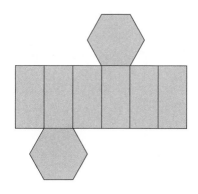

풀이 1. 주어진 전개도를 접었을 때 만들어지는 각기둥의 이름 알기

▶ 밑면의 모양이 육각형이므로 육각기둥입니다.

2. 각기둥의 모서리는 몇 개인지 구하기

▶ 육각기둥의 모서리는 6×3=18(개)입니다.

답 18개

소수의 나눗셈 아이가 자연수와 소수의 세로셈을 할 때, 자리 수 위치를 맞춰 계산식을 적는지 점검해 주세요.

문제 민서는 색 테이프 7.49m를 7도막으로 똑같이 나누어 잘랐습니다. 한 도막은 몇 m인지 두 가지 방법으로 구해 보세요.

풀이 1. 분수의 나눗셈으로 바꾸어 계산하기

$$\blacktriangleright \ 7.49 \div 7 = \frac{749}{100} \div 7 = \frac{749 \div 7}{100}$$

$$= \frac{107}{100} = 1.07$$

따라서 한 도막은 1.07(m)입니다.

2. 세로로 계산하기

```
      1.0 7
  7 ) 7.4 9
      7
      ───
      4 9
      4 9
      ───
        0
```

따라서 한 도막은 1.07(m)입니다.

답 1.07m

수학 잘하는 아이는 외우지 않습니다

비와 비율 비례식의 성질을 알면 다른 문제를 푸는 데 매우 요긴하기 때문에 아이가 꼭 익히도록 해야 합니다.

문제 수학여행을 갈 때 비행기를 타는 것에 찬성하는 학생 수를 조사하였습니다. 1반과 2반 중 찬성률이 더 높은 반은 몇 반인지 답을 구해 보세요.

> 정아: 1반은 찬성률이 80%야.
>
> 동범: 2반은 학생 25명 중 22명이 찬성했어.

풀이 1. 2반의 찬성률은 몇 %인지 구하기

▶ 2반의 찬성률은 $\frac{22}{25} \times 100 = 88$(%)입니다.

2. 찬성률이 더 높은 반 구하기

▶ 80<88이므로 찬성률이 더 높은 반은 2반입니다.

답 2반

여러 가지 그래프 원그래프, 꺾은선그래프, 막대그래프, 띠그래프 등 다양한 모양의 그래프에 아이가 익숙해지도록 연습문제를 많이 풀도록 합니다.

문제 주원이네 반 학생들이 방학 때 가고 싶은 섬을 조사하여 나타낸 띠그래프입니다. 제주도에 가고 싶은 학생이 16명이라면 기타에 속하는 학생은 몇 명일까요?

가고 싶은 섬별 학생 수

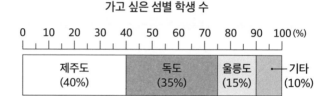

풀이 제주도: 40%, 기타: 10%

▶ 제주도에 가고 싶은 학생 수는

기타에 속하는 학생 수의 40÷10＝4(배)이므로

기타에 속하는 학생은 16÷4＝4(명)입니다.

답 4명

직육면체의 겉넓이와 부피 부피의 단위와 겉넓이의 단위를 헷갈리지 않도록 아이에게 개념을 여러 번 설명해 주세요.

문제 직접 맞대었을 때 부피를 비교할 수 있는 상자끼리 짝 지어 보고 그 이유를 써 보세요.

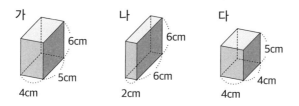

풀이 1. 부피를 비교할 수 있는 상자끼리 짝 지어 보기

▶ 가와 다

2. 위 1과 같이 짝 지은 이유 쓰기

▶ 직접 맞대어 비교하려면 가로, 세로, 높이 중에서 두 종류 이상의 길이가 같아야 합니다. 가와 다는 4cm, 5cm인 변의 길이가 같습니다.

답 가와 다, 두 변 이상의 길이가 같다.

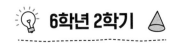

6학년 2학기

분수의 나눗셈 분수 단원은 여러 학년에 걸쳐 순차적으로 배우는 개념이기 때문에 아이가 그동안 배운 내용을 모두 이해했는지 확인해 주세요.

문제 휘발유 $1\frac{2}{3}$ L로 $13\frac{3}{10}$ km를 가는 자동차가 있습니다. 이 자동차는 휘발유 1L로 몇 km를 갈 수 있을까요?

풀이 이동한 거리를 사용한 휘발유의 양으로 나눈다.

$$13\frac{3}{10} \div 1\frac{2}{3} = \frac{133}{10} \div \frac{5}{3} = \frac{133}{10} \times \frac{3}{5}$$

$$= \frac{399}{50} = 7\frac{49}{50} \text{(km)}$$

따라서 휘발유 1L로 $7\frac{49}{50}$ km를 갈 수 있습니다.

답 $7\frac{49}{50}\left(= \frac{399}{50}\right)$ km

210 수학 잘하는 아이는 외우지 않습니다

소수의 나눗셈 소수와 자연수의 나눗셈에서는 몫을 소수점 위치에 맞추어 구해야 하는 것을 아이가 알고 있는지 꼭 확인해 주세요.

문제 준우는 물 12.6L를 물통마다 3L씩 나누어 담을 때, 나누어 담을 수 있는 물통의 수와 남는 물은 몇 L인지 알기 위해 다음과 같이 계산했습니다. 잘못 계산한 곳을 찾아 바르게 계산해 보세요.

$$3\ )\!\!\overline{\ 1\,2.6\ }\ \ 4.2$$

- 나누어 담을 수 있는 물통 의 수: 4개
- 남는 물의 양: 0.2L

⇩

풀이

$$3\ )\!\!\overline{\ 1\,2.6\ }\ \ 4$$

- 나누어 담을 수 있는 물통 의 수: ⬚4⬚ 개
- 남는 물의 양: ⬚0.6⬚ L

물통의 수는 소수가 될 수 없으므로 묶은 자연수까지만 계산해야
합니다.

답   나누어 담을 수 있는 물통 4개, 남는 물 0.6L

수학 잘하는 아이는 외우지 않습니다

쌓기나무를 직접 만져보며 문제를 푼다면, 아이는 금세 추론력을 키울 수 있습니다.

문제   똑같은 모양으로 쌓는 데 필요한 쌓기나무의 개수가 여러 가지 나올 수 있는 이유를 써 보세요.

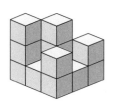

위에서 본 모양

답   쌓은 모양에서 보이는 위의 면과 위에서 본 모양이 같지 않아서 보이지 않는 부분의 개수를 정확하게 알 수 없기 때문이다.

비례식과 비례배분 이 단원은 초등 수학뿐만 아니라 중고등 수학에서도 나오는 아주 중요한 개념입니다. 따라서 아이가 비의 성질을 활용해 여러 유형의 문제를 풀 수 있도록 해야 합니다.

문제 과일 가게에서 귤 8개를 2000원에 팝니다. 도현이가 10000원 가지고 있다면 귤을 몇 개 살 수 있는지 풀이 과정을 쓰고 답을 구해 보세요.

풀이 1. 문제에 알맞은 비례식 세우기

▶ 살 수 있는 귤의 수를 ☐개라 하고 비례식을 세워 보면
8 : 2000 = ☐ : 10000입니다.

2. 귤을 몇 개 살 수 있는지 구하기

▶ 2000 × ☐ = 8 × 10000,

2000 × ☐ = 80000, ☐ = 40

따라서 10000원으로 귤 40개를 살 수 있습니다.

답 40개

원의 넓이 도형 문제를 풀 때는 여러 가지 방법으로 생각하는 힘이 필요하기 때문에 아이가 다양한 문제를 접하며 생각하는 힘을 키울 수 있도록 도와주세요.

문제 색칠한 부분의 넓이는 몇 cm²일까요? (원주율: 3.14)

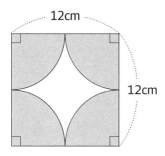

풀이 색칠한 부분 4개를 더하면 지름이 12cm인 원이 됩니다.

⇨ (색칠한 부분의 넓이)＝6 × 6 × 3.14＝113.04(cm²)

답 113.04cm²

아이에게 원기둥에서 서로 평행하고 합동인 두 면은 '밑면'이라는 것을 다시 한번 짚어줍니다.

문제   다음 그림이 원기둥의 전개도가 <u>아닌</u> 이유를 써 보세요.

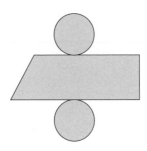

답   옆면이 직사각형이 아니고, 밑면의 둘레와 옆면의 가로 길이가

다르기 때문이다.

중등 수학
수행평가 대비하기

초등학교 5~6학년을 위한 움직이는 교실은 수학의 역사와 함께 일상에 녹아 있는 수학 원리를 수집하는 활동으로 이루어져 있다. 이를 통해 아이들은 수학을 왜 공부해야 하는지 그 이유를 스스로 찾을 수 있고, 1학년 때부터 배운 수학 개념을 정리하는 계기를 마련할 수 있다. 특히 이 시기의 움직이는 교실 활동이 중요한 이유는 중학교 수행평가에서 요구하는 학습태도를 아이가 이 활동을 통해 준비할 수 있기 때문이다. 따라서 아이가 일상에서 수학 원리를 주제로 다양한 사례를 살펴보고 탐구할 수 있도록 부모가 곁에서 많이 도와주어야 한다.

5학년 1학기	주제	움직이는 교실 학습 목표	워크지
1단원	자연수의 혼합계산	교환법칙, 결합법칙, 분배법칙을 알아보자.	• 수식에 맞춰 문제를 만들어 보기 84÷(7×4)=3 : 어느 공장에서 한 사람이 한 시간에 계산기를 4개씩 만든다고 합니다. 7명이 계산기 84개를 만들려면 모두 몇 시간이 걸릴까요?
2단원	약수와 배수	약수는 나눗셈으로, 배수는 곱셈으로 활용한다.	• 고대 그리스 수학자 에라토스테네스의 소수를 찾는 방법인 에라토스테네스의 체에 관한 자료를 찾아보기
3단원	규칙과 대응	수의 규칙을 알아본다.	• 피타고라스 학파의 수에 관한 연구를 찾아보기
4단원	약분과 통분	분수의 크기를 비교하기 위해 분모를 통일하는 통분을 알아본다.	• 약분-통분 빙고 게임하기 일반 빙고 게임과 같은데, 각 칸을 분수로 채운 다음에 상대가 하나의 분수를 말하면, 그 분수의 약분-통분에 해당하는 분수도 함께 지운다. 이 규칙에 따라 분수를 지워가며 가장 먼저 3줄을 지우는 사람이 우승하는 게임이다.
5단원	분수의 덧셈과 뺄셈	막대로 분수의 합을 만들어 본다.	• 종이띠 등분하기 같은 길이의 종이띠를 여러 장 준비한다. 그다음 $\frac{1}{2}$, $\frac{1}{3}$, $\frac{1}{4}$ 등으로 잘라보며 다양하게 분수를 표현해 본다.
6단원	다각형의 둘레와 넓이	모눈종이로 다각형의 둘레와 넓이를 구해 본다.	• 모눈종이에 다각형을 그려 보기 모눈종이 1칸의 가로세로 길이를 각각 1cm로 하여 다각형의 둘레를 그려 본다. 모눈종이 1칸의 가로(1cm)와 세로(1cm)를 기준으로 하여 다각형의 넓이를 계산한다.

수학 잘하는 아이는 외우지 않습니다

5학년 2학기	주제	움직이는 교실 학습 목표	워크지
1단원	수의 범위와 어림하기	수의 올림, 버림, 반올림을 알 수 있다.	• 일상생활에서 올림, 버림, 반올림 하기 가족과 친구들의 키, 발 사이즈, 성적 등으로 올림, 버림, 반올림을 해 본다.
2단원	분수의 곱셈	분수의 곱셈 개념을 설명할 수 있다.	• 피타고라스의 음계에 관한 자료를 찾아보기
3단원	합동과 대칭	합동과 대칭의 개념을 설명할 수 있다.	• 일상에서 합동의 예를 찾아보기 캐스터네츠, 폴더형 휴대폰, 나비 • 일상에서 선대칭도형의 예를 찾아보기 문, 창문, 책, 노트북 • 일상에서 점대칭도형의 예를 찾아보기 바람개비, 선풍기
4단원	소수의 곱셈	소수의 결과를 어림하고, 소수점의 위치 변화를 이해한다.	• 가상 환전 놀이 소수점이 있는 달러로 가상 환전을 해 보자. 매일 달라지는 환율을 검색해 확인해 보자.
5단원	직육면체	직육면체의 특징을 정의할 수 있다.	• 직육면체의 전개도와 겨냥도를 그려 보기
6단원	평균과 가능성	평균과 가능성의 뜻을 정의할 수 있다.	• 일상에서 평균 활용하기 내가 사는 지역의 초등학교 5학년 평균 몸무게를 조사해 보자.

6학년 1학기	주제	움직이는 교실 학습 목표	워크지
2단원	각기둥과 각뿔	각기둥과 각뿔의 특징을 이해하고, 만들 수 있다.	• 각기둥의 전개도와 겨냥도, 각뿔의 전개도 그려 보기
4단원	비와 비율	비율식을 만들 수 있다.	• 일상에서 할인율 찾아보기 마트에서 할인 전후 가격을 비교해 보자. 편의점에서 2+1 행사 상품은 각 정가에서 몇 % 할인율이 적용된 것인지 계산해 보자.
5단원	여러 가지 그래프	복잡한 자료를 그래프로 만들 수 있다.	• 신문 기사에 나오는 수치로 그래프 만들기 코로나 확진자 증가율, 지역별 인구 감소율 등
6단원	직육면체의 겉넓이와 부피	일상에서 자주 활용되는 직육면체의 부피와 겉넓이를 설명할 수 있다.	• 과자 상자를 이용해 직육면체 전개도를 만들어 보기

※ 1, 3단원은 연산에서 다루었기 때문에 제외했다.

수학 잘하는 아이는 외우지 않습니다

6학년 2학기	주제	움직이는 교실 학습 목표	워크지
3단원	공간과 입체	쌓기나무와 모눈종이를 활용해 문제를 풀 수 있다.	• 쌓기나무나 연결큐브로 다양한 입체도형을 만들어 보기
4단원	비례식과 비례배분	EBS MATH에서 실생활에 사용되는 비례배분을 확인한다.	• 축적을 이용한 세계지도 찾아보기 • 피보나치 수열의 '황금비' 조사하기 • 황금비 '모나리자' 조사하기 • 영국의 경제 신문 〈이코노미스트〉의 '빅맥지수' 조사하기
5단원	원의 넓이	원의 지름에 대한 원주의 비율을 설명할 수 있다.	• 일상에서 활용되는 원주율을 찾아보기 **엄마가 쓰는 헤어롤, 육상경기 레일, 자동차 계기판** • 수학자 아르키메데스와 오일러에 관한 자료를 찾아보기
6단원	원기둥, 원뿔, 구	알지오매스에서 원지름, 원뿔, 구의 상하좌우, 밑면을 살펴본다.	• 수학자 탈레스에 관한 자료를 찾아보기 • 수학자 에라토스테네스에 관한 자료를 찾아보기

※ 1, 2단원은 연산에서 다루었기 때문에 제외했다.

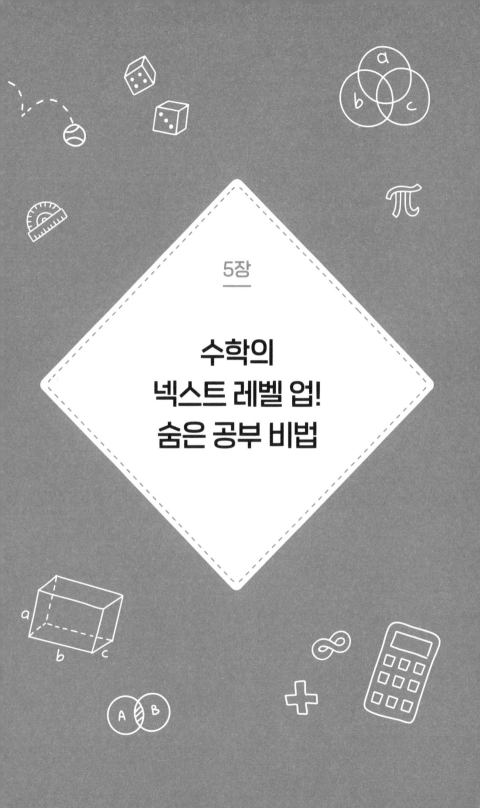

5장

수학의
넥스트 레벨 업!
숨은 공부 비법

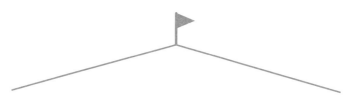

고교학점제
어떻게 준비하면 좋을까?

2025년에 시행되는 고교학점제는 현재 초등학생 자녀를 둔 학부모들에게 뜨거운 이슈다. 2021년 기준, 초등학교 6학년생이 고등학교에 들어가면 기존과는 전혀 다른 형태의 교육과정을 밟게 되는데, 학생 개개인이 각자의 진로와 적성에 따라 수강할 과목을 선택하는 한편, 192학점을 이수해야 고등학교를 졸업할 수 있다. 1학점을 얻기 위해서는 50분 수업을 16회 수강해야 하므로, 총 2,560시간의 수업을 들어야 졸업이 가능하다는 얘기다.

그렇다면 고교학점제의 교육 목표는 과연 무엇일까? 2025년 시행될 고교학점제는 기존의 상대적 서열화에서 벗어나 절대평가와 과목 선택제를 토대로 학생 개개인의 다양성과 자율성을 확보하여, 학생들이 교육과정에서 겪는 경험을 성장의 발판으로 활용하도록 만들겠다는 취지를 담고 있다. 다만 이런 교육과정을 처음 겪게 될 학부모와 아이의 부담감을 고려하여, 5장에서는 현재 초등학교 학부모가 아이와 함께 준비할 수 있는 고교학점제 대비 학습법에 관해 다루고자 한다.

우선, 초등학교 학부모들은 고교학점제의 교육과정, 평가제도, 졸업제도에 관해 잘 알아야 한다. 먼저 교육과정을 살펴보면, 고교학점제는 학생들이 교과 학습마다 성취기준을 설정해 수업 중에 자신의 능력과 학습발달 정도를 스스로 평가하게 한다. 만약 평가 후 성취수준이 성취기준에 미치지 못한다면 보충수업을 신청할 수 있다. 더불어 여기에 반영되는 평가제도는 상대적 서열을 매겨 누가 더 잘했는지 평가하는 것이 아니라 학생이 무엇을 어느 정도 성취했는지를 보는 것이다. 나아가 졸업제도는 출석 일수가 아닌 이수 학점을 기준으로 졸업 요건을 설정한다는 점에서 기존 학점제와 큰 차이를 가지고 있다. 과거의 출석 일수만 채워 졸업하는 단위제에서 탈피해, 조기 졸업 같은 파격적인 행보도 기대해 볼 수 있는 셈이다.

개정되는 교육과정은 2024년 기준 초등학교 1~2학년을 시작으로 연차적으로 적용되며 2025년에는 초등학교 3~4학년과 중학교 1학년, 고등학교 1학년이 적용 대상이다. 평가와 졸업은 수업의 3분의 2 이상을 출석하고, 학업성취율은 40% 이상에 도달해야 가능하다. 공통과목 평가는 지금처럼 9등급 상대평가를 유지하고, 선택과목 평가는 점수로만 평가받는 절대평가로 시행될 예정이다. 더불어 공통과목 성적표에는 성취도와 석차가 표기되며, 선택과목 성적표에는 성취도만 표기되는 방식으로 바뀐다.

일선에서는 교원 부족, 수도권과 지방의 교육 환경 차이, 정책 보완 미비 등의 문제가 극복되지 않은 상황에서 고교학점제의 시행 시기를 2년이나 앞당긴 것에 대해 우려의 목소리를 내지만, 나는 이 제도를 최대한 빨리 시행해야 한다고 생각한다. 왜냐하면 고교학점제가 시행되면, 무엇보다 학생들이 자신의 장단점을 살려 공부할 수 있고, 무엇보다 아이들이 수강할 과목을 직접 선택하면서 자신의 진로와 적성을 고민하는 계기를 마련할 수 있기 때문이다. 게다가 스스로 선택한 과목인 만큼 학업 효율성을 기대할 수 있어서 학습 동기와 의욕을 고취시킬 수 있을 것이다.

또한 학생들의 적정 수준 이상의 학습이 보장된다. 성적이 나쁜 학생은 과목별 보충수업으로 보강을 받을 수 있기 때문이다. 그동안은 이 보충수업이 학원과 과외로 대체되었는데, 이제는 공교육을 통해 이뤄질 수 있게 되었으니 학부모들의 주머니 사정도 조금은 나아질 것이라고 생각한다.

물론 아직은 고교학점제가 많은 이에게 낯설어서 우려의 목소리도 적지 않다. 하지만 고교학점제를 시범적으로 도입했던 연구학교의 사례 등을 통해 고교학점제의 효용성을 살펴볼 수 있을 것이라고 생각한다. 무엇보다 이 제도로 어른들이 모든 학생의 미래가치와 교육의 본질에 관해 다시금 숙고하는 계기가 되었으면 하는 바람이다.

진학 설계의 첫 단추, 초등 교육

현재 초등학교 학부모가 고교학점제에 대해 불안을 느끼는 이유는 자녀가 새로운 입시제도(서술논술형) 아래에서 대학에 지원해야 하기 때문이다. 따라서 2028년 새로운 입시제도에 대비해야 하는 초등학교 1~6학년과 중학교 1학년의 학부모는 자유학기제와 고교학점제에 집중하는 동시에 새로운 입시전형에 관한 정보도 수집해야 한다.

우선 고교학점제로 쟁점이 된 특수목적 고등학교의 존치 여부를 살펴보자. 2022년 교육부에서는 외국어고등학교를 폐지하고, 국제

입시 및 교육과정의 변화

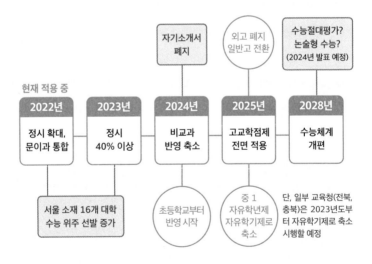

수학 잘하는 아이는 외우지 않습니다

고등학교와 자율형사립고등학교의 존치를 검토한다고 발표했다. 특수목적 고등학교의 존재 여부가 뜨거운 감자인 이유는 진로에 대한 명확한 목표가 있는 학생들에게는 해당 학교의 교육과정이 제 역할을 해왔기 때문이다. 그러나 이제는 일반고등학교에서도 특수목적 고등학교와 같이 학생의 입시 경쟁력을 키워 줄 심화 및 전문 과목을 통해 누구나 수준 높은 수업을 받을 수 있게 되었다.

이에 따라 최고의 입시 역량을 만들 수 있는 시기는 특수목적 고등학교에 입학한 다음이 아니라 초등학교 6년과 중학교 1학년 과정이 되었다. 따라서 이때의 학습이 매우 중요해졌다. 특히 초등학교 국어, 영어, 수학 교육과정에서 아이의 완전 학습이 이루어져야 하고, 아이가 자기주도학습의 습관을 체화해야 한다. 나아가 중학교에

중학교 1학년, 진로 및 진학 설계의 첫 단추

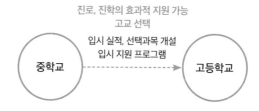

진로, 진학의 효과적 지원 가능
고교 선택

입시 실적, 선택과목 개설
입시 지원 프로그램

중학교 ⟶ 고등학교

- 자유학년제를 통한 진로 탐색(중 1)
- 진로 목표 설정
- 내신관리: 정량적 지표 & 정성적 지표
- 중 1 수학: 입시 역량의 핵심
- 2028 대입전형안 숙지를 통한 입시 설계(중 3)

- 내신관리 및 역량 강화
- 진학 목표 대학 및 학과(학부)에 따른 선택과목 설계

들어가서는 내신성적의 두 축인 중간고사와 기말고사(서술형평가) 그리고 수행평가(포트폴리오, 조별과제, 형성평가, 보고서)에 철저히 대비해, 고교학점제에 전력을 기울여야 한다. 그렇게 해야 입시에서 아이는 목표한 바를 이룰 수 있을 것이다.

부모의 입장에서 초등학생인 아이가 중학생이 되고, 고등학생이 되는 일이 먼 미래의 일처럼 느껴질 테지만, 현재 아이가 받고 있는 초등 교육이 아이의 진로와 진학에 구심점이 된다는 점을 잊지 말고, 아이에게 주어진 학습 시간을 가치 있는 시간으로 만들 수 있도록 부모와 아이 모두 꾸준히 노력해야 한다.

초등학교부터 준비하는 리포트

나에게는 내가 가르치는 아이들에게 반드시 실행하도록 유도하는 공부법이 있다. 바로, '리포트 작성법'으로 단원별 요점노트, 오답노트, 어휘사전노트를 만들도록 하는 것이다. 각 노트에 관해 설명하면 다음과 같다. 요점노트는 말 그대로 아이가 교과서를 정독하고 난 후에, 스스로 중요하다고 생각하는 개념이나 내용을 따로 정리하는 노트를 말한다. 오답노트는 아이가 자주 틀리는 문제를 자세한 풀이 과정과 함께 정리한 다음, 유사 문제를 직접 만들어 적은 노트를 의미한다. 마지막으로 어휘사전노트는 각 단원의 주요 단어와 개념을 아이만의 어법으로 정리해, 필요할 때마다 국어사전처럼 아이

수학 잘하는 아이는 외우지 않습니다

가 활용할 수 있게 하는 노트다.

이 공부법의 효과는 정말 어마어마한데, 안타깝게도 대부분의 부모와 아이가 중도에 작성을 포기하는 때가 많다. 그 이유는 여러 가지다. 단원별로 만들어야 하는 노트 수가 많은 데다, 특히 오답을 많이 내는 아이라면 끈기 있게 노트를 만드는 일이 어려울 수 있기 때문이다. 그러나 무엇보다 가장 큰 이유는 이 세 가지 노트를 꾸준히 만들기 위해서는 아이에게 공부 습관이 배어 있어야 하는데, 이 습관을 지닌 아이가 많지 않다는 것이다. 그래서 많은 부모와 아이가 리포트 작성을 어려워한다. 그런데도 내가 이 세 가지 노트를 꼭 만들어야 한다고 강조하는 이유는, 바로 중학교 교육과정에 대비하기 위해서이다.

아이가 중학교에 들어가면, 초등학교 때와 달리 공부해야 하는 과목도 많아지고 그 내용도 어려워 많이 힘들어한다. 그런데 이때 초등학생 때부터 작성한 요점노트, 오답노트, 어휘사전노트가 아이에게 있다면, 중학교 교육과정을 따라가는 데 많은 도움을 받을 수 있다. 다만, 아이의 공부 성향에 따라 노트를 만드는 데 들어가는 시간이나 노트의 분량 등이 달라지기 때문에, 아이가 자신에게 가장 잘 맞는 리포트 작성법을 찾기 위해서는 초등학생 때부터 만들기 시작해 중학교에 들어가기 전에 모든 시행착오를 마치는 게 좋다. 그렇게 해서 과목별로 이 리포트 작성한다면, 아이는 중학교 수행평가나 고교학점제에 대비해 좋은 성적을 거둘 만반의 준비를 할 수 있다.

이에 따라 다음 표에는 초등학생 아이가 학교 진도에 맞춰 리포

수학 리포트 3단계

1단계. 요점노트 만들기	2단계. 오답노트 만들기	3단계. 어휘사전노트 만들기
• 교과서나 문제집에서 핵심 내용에 밑줄을 친 후, 노트에 옮겨 적는다. • 주요 개념과 수식은 노트에 옮겨 적거나 자기만의 그림이나 도표로 정리한다.	• 자주 틀리는 문제는 노트에 풀이 과정을 자세히 적고, 핵심 내용이나 수식을 따로 강조해 표기한다. • 자주 틀리는 문제는 직접 비슷한 유형의 문제를 만들어 해설지도 만들어본다.	• 단원에서 꼭 기억해야 하는 단어를 노트에 정리한다. • 어려운 어휘나 개념은 내가 기억하기 쉬운 방식으로 노트에 정리한다.

트를 만드는 방법에 관해 담았다. 노트를 만들면서 유념할 점은 이 리포트는 평가를 위해서가 아니라, 아이가 단원의 주요 개념을 이해하고 오답을 줄여 가는 연습을 하기 위해서 작성하는 것이라는 점이다. 따라서 부모도 아이도 이 리포트를 만드는 데 조급한 마음을 갖지 않는 게 중요하다. 만약 학기 중에 노트를 만드는 것이 부담스럽다면, 방학 기간을 활용해 집중적으로 작성해 보기를 권한다. 처음 작성할 때는 부모도 아이도 부족한 부분이 많을 테지만 불안해하지 말자. 이 학습법은 속도 싸움이 아닌 아이가 스스로 앎의 정도를 확인하는 과정으로 성실함과 꾸준함으로 임해야 하는 공부 자세를 쌓는 과정이다.

요점노트

아이가 수학 개념을 그림으로 표현할 수 있다는 것은, 그 개념을 100% 이해했다는 뜻이다.

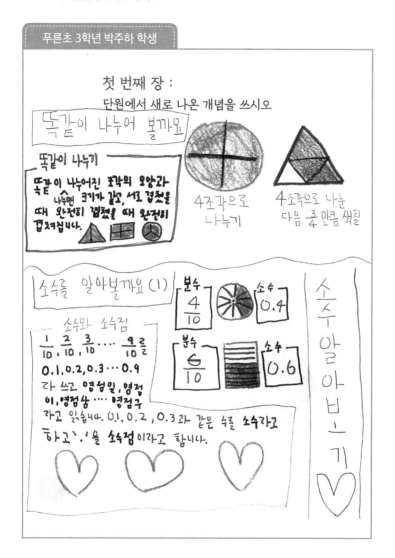

첫 번째 장 :
단원에서 새로 나온 개념을 쓰시오

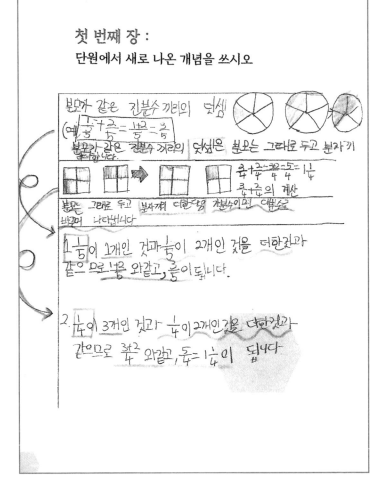

분모가 같은 진분수 끼리의 덧셈

(예) $\frac{1}{5} + \frac{2}{5} = \frac{1+2}{5} = \frac{3}{5}$

분모가 같은 진분수 끼리의 덧셈은 분모는 그대로 두고 분자끼리 더합니다.

$\frac{3}{4} + \frac{2}{4} = \frac{3+2}{4} = \frac{5}{4} = 1\frac{1}{4}$
$\frac{3}{4} + \frac{2}{4}$의 계산

분모는 그대로 두고 분자끼리 더한값이 가분수이면 대분수로 바꿔 나타냅니다.

1. $\frac{1}{5}$이 1개인 것과 $\frac{1}{5}$이 2개인 것을 더한것과 같으므로 $\frac{1}{5}$은 $\frac{1}{5}$와 같고, $\frac{3}{5}$이 됩니다.

2. $\frac{1}{4}$이 3개인 것과 $\frac{1}{4}$이 2개인 것을 더한것과 같으므로 $\frac{5}{4}$ 와 같고, $\frac{5}{4} = 1\frac{1}{4}$이 됩니다

수학 잘하는 아이는 외우지 않습니다

첫 번째 장 : 분수의 곱셈 소수의 곱셈
단원에서 새로 나온 개념을 쓰시오

(진분수)X(진분수)
진분수X자연수는 분수의
분모는 그대로 두고 자연수
와 분자를 곱하여 계산합니다

(자연수)X(대분수)
자연수X대분수는 대분수를
가분수로 바꾸후 자연수와
분모는 그대로 곱하여 계산하거나 대
분수를 그의 수와 진분수의 합으로
바꾸어 계산합니다.

(진분수)끼리의 곱셈
진분수의곱셈은 분자는분자끼리,
분모는 분모끼리 곱하여 계산한다
예시 : $\frac{1}{4} \times \frac{1}{2} \times \frac{2}{3} = \frac{2^1}{24_{12}} = \frac{1}{12}$

(대분수)X(대분수)
대분수X대분수는 대분수를 가분수로
바꾼후 곱하여 계산하거나 대분수
를 자연수와 진분수로 한으로 바꾸어
계산합니다.

(1보다작은소수)X(자연수)
소수를자연수 만큼더하
여계산도 하고, 0.1이몇개
인지 생각하며 수을
옮겨서 계산한다.

(1보다큰소수)X(자연수)
소수를 자연수의곱으로더하여
계산, 0.1 1의개수를세어
계산, 소수를 분수로 나타내
어계산합니다.

오답노트

아이에게 자주 틀리는 문제와 유사한 문제를 직접 만들어 보게 한다면, 오답노트의 학습 효과를 200% 끌어올릴 수 있다.

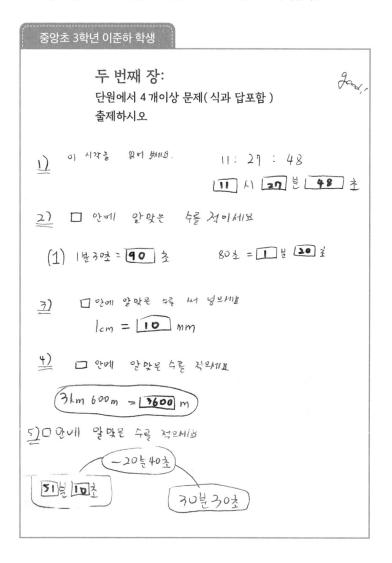

중앙초 3학년 이준하 학생

두 번째 장:
단원에서 4개 이상 문제 (식과 답포함)
출제하시오

good !

1) 이 시각을 읽어 보세요.   11 : 27 : 48
   [11] 시 [27] 분 [48] 초

2) □ 안에 알맞은 수를 적어서요
   (1) 1분 3초 = [90] 초   80초 = [1] 분 [20] 초

3) □ 안에 알맞은 수를 써 넣으세요
   1cm = [10] mm

4) □ 안에 알맞은 수를 적으세요
   3km 600m = [3600] m

5) □ 안에 알맞은 수를 적으세요
   ─20분 40초
   [51]분 [10]초   30분 30초

수학 잘하는 아이는 외우지 않습니다

두 번째 장:
단원에서 4개이상 문제(식과 답포함)
출제하시오

1 (보기)의 모양조각을 오른쪽으로한번맞고 위로 맞었을때의 모양에 〇표하세요

 ( ) 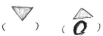 (〇)

이유 : 도형을 맞면 위치는 변하지만 모양은 변하지 않기 때문이다.

2 두자리 수가 적힌 카드를 시계 방향으로 180°만큼 돌렸을때 만들어지는수를 구해 보세요.

  =>

답: 92 이유: 90°씩 2 번돌리면 92가 나오개 때문이다.

3 도형 뒤집기에 대한설명으로 옳은것의기호를 써 보세요.

㉠ 도형을위쪽으로 한번뒤집으면 도형의 오른쪽은 왼쪽으로 ,왼쪽은오른쪽으로 바뀝니다.
㉡ 도형을 아래쪽으로 두번뒤집으면 처음모양과 같습니다.

첫 번째 장 :
단원에서 새로 나온 개념을 쓰시오

첫째, 앞에서 부터 차례대로 계산하기.
(계산을 할때 에는 앞에서 부터 차례대로 계산을 해야 합니다.)

둘째, ( )먼저 계산하기.
(식에서 ( )가 있을경우, ( )먼저 계산을 한뒤, 차례대로 계산을 합니다.)

셋째, 곱셈, 나눗셈을 먼저 계산하기.
(덧셈, 뺄셈, 곱셈, 나눗셈이 있을경우, 곱셈, 나눗셈을 먼저 계산합니다.)

(·×·( )와 곱셈, 나눗셈이 있어도, ( )먼저 계산한다!

▶ 이 모든 것이 개념!

어휘사전노트

어휘사전노트를 만들면, 시험 기간이나 시험 전 쉬는 시간에 유용하게 활용할 수 있다.

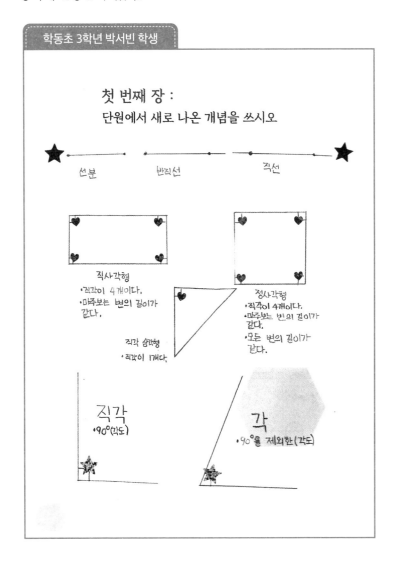

첫 번째 장 :

단원에서 새로 나온 개념을 쓰시오

☆ 각의 종류

예각이란? 예각은 0°∿90° 사이에 있는 수를 말하며 0°보다 크고 90° 보단 작은 각도를 말합니다.

☆ 직각이란?

직각은 90° 입니다 (직각표시 ⌐)

☆ 둔각이란?

90° 보단 크지만 180° 보단 작은 각을 말합니다.

☆ 각도기

각도기는 1°부터 180° 까지 있는데 각도를 젤때 사용합니다

둔각   265
             ←→ 책각
                예

수학 잘하는 아이는 외우지 않습니다

세 번째 장: 이 단원에서 중요하게 기억해야 할 내용을 쓰시오

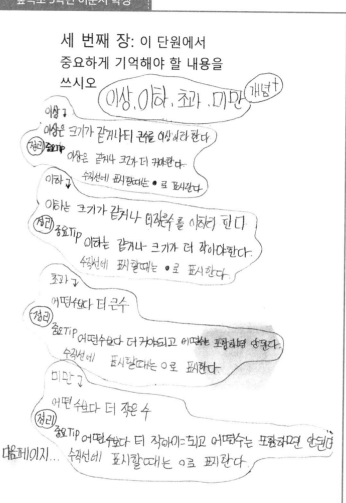

이상, 이하, 초과, 미만 개념↑

이상↑
이상은 크기가 같거나 더 큰수를 이상이라 한다
정리 중요Tip 이상은 같거나 크가 더 커야한다.

이하↑ 수직선에 표시할때는 ●로 표시한다
이하는 크기가 같거나 더 작은수를 이하라 한다
정리 중요Tip 이하는 같거나 크기가 더 작아야한다.
수직선에 표시할때는 ●로 표시한다.

초과↑
어떤수보다 더 큰수
정리 중요Tip 어떤수보다 더 커야되고 어떤수는 포함하면 안된다.
수직선에 표시할때는 ○로 표시한다.

미만↑
어떤 수보다 더 작은 수
정리 중요Tip 어떤수보다 더 작아야되고 어떤수는 포함하면 안된다
다음페이지... 수직선에 표시할때는 ○로 표시한다

선행학습을 꼭 해야 할까?

공부법 하면 빠질 수 없는 이야기가 선행학습에 관한 것이다. 일반적으로 부모가 아이에게 선행학습을 시키는 이유는 크게 두 가지다. 첫 번째는 아이에게 특목고 입학을 준비시키려는 것이고, 두 번째는 중학교, 고등학교 수학이 어렵기 때문에 미리 공부해서 해당 학년 때 다른 과목과 병행해 공부할 수 있도록 시간적 여유를 확보하려는 것이다.

이렇게 본다면, 아이가 선행학습을 해서 나쁠 건 없다. 다만 선행학습을 위한 선행학습까지 하고 있다면, 이때는 반드시 선행학습을 중단해야 한다. 학습에서 무엇보다 가장 중요한 것은 아이가 자기 학년에서 배워야 할 내용을 모두 꼼꼼히 학습한 후에, 다음 학년으로 넘어갈 수 있도록 하는 것이다.

따라서 학습에서 가장 중요한 것은 '복습'이다. 아이가 문제를 푸는 기술이나 속도에 집중하는 게 아니라 문제의 원리를 충분히 이해하고, 자신만의 풀이법을 찾는 데 집중해야 한다. 이렇게 해야 선행학습을 하더라도 효과를 볼 수 있고, 지치지 않고 공부할 수 있다. 한 예로, 아이가 선행학습을 따라가지 못하면 부모는 이렇게 생각한다. '이렇게 쉬운 내용을 우리 아이는 왜 이해하지 못할까?' 이런 생각을 내뱉으면 아이의 자존감만 떨어뜨릴 뿐이다. 우리나라 교과서는 아이의 나이별 발달과정을 고려하여 만들어졌다. 아이들이 자기 학년에 맞는 교육과정만 충분히 학습해도, 다음 학년의 과정을 잘 따라

갈 수 있도록 안내하고 있다는 뜻이다.

나는 그동안 매해 200~300명의 초등학생을 만나왔다. 그중에는 성공적으로 선행학습을 한 학생도 있었고, 어렵사리 선행학습을 유지했지만 목표한 성과를 이루지 못한 학생도 있었으며, 현행학습만 충실히 했을 뿐인데 그 누구보다 뛰어난 성과를 낸 학생도 있었다. 이러한 데이터를 바탕으로 내가 학부모와 아이들에게 자신 있게 말할 수 있는 건 무엇보다 가장 중요한 것은 현행학습에 대한 철저한 복습이라는 것이다. 부모의 섣부른 판단으로 아이의 선행학습에 욕심을 내지 말고, 아이가 학교에서 배운 내용을 확실히 '제 것'으로 만들 수 있도록 지원해 주는 것이 무엇보다 중요하다.

우리 아이에게 맞는 학습법은?

코로나19가 장기화되면서 학교 수업은 물론 학원 수업도 한동안 온라인으로 진행되었다. 저학년 아이들을 대상으로 하는 온라인 수업은 학습의 전달력과 집중력이 현저히 떨어진다. 그렇다 보니 학원을 보내기보다 엄마표 학습으로 아이를 가르치는 게 효과적이지 않을까 고민하는 부모들이 많아졌다.

사실 이 중 정답은 없다. 엄마표 학습을 하더라도 아이와 계속 문제가 생기고, 엄마가 부지런히 아이의 학습을 체크해 줄 수 없다면 사교육을 선택하는 게 나은 선택일 것이다. 반대로 학원을 보냈는데 아이가 숙제에 대한 스트레스로 학원에 가기 싫어한다면 교육비를 아끼는 차원에서라도 다른 교육방법을 찾는 게 현명할 것이다.

다음 표는 이와 같은 고민으로 나를 찾아온 수많은 학부모와의 상담을 바탕으로, 아이의 기질과 성향에 맞춰 제안했던 교육시스템의 장단점을 정리한 것이다. 한 예로 아이가 스스로 규칙적인 학습을 실행하지 못한다면, 매일 가야 하는 학습장소를 만들어 강제적으로 규칙적인 학습을 해야 하는 루틴을 아이에게 만들어 주는 방법을 권한다.

반면 이런 경우도 있다. 규칙적인 공부 습관은 몸에 배어 있지만 심화학습이 필요한 상황인데, 아이가 낯가림이 심하거나 새로운 환경에 쉽게 적응하지 못한다면 소규모 교습소나 개별 첨삭식의 전문학원에 아이를 보내는 게 좋다. 이렇듯 아이의 성격이나 아이에게 가장 잘 맞는 학습 유형 등을 고려하여 교육 방법을 선택해야 최고의 학습 효율을 낼 수 있다.

수학 잘하는 아이는 외우지 않습니다

	장점	단점
학습지	• 매일 일정 시간 책상에 앉아 있는 습관을 키울 수 있다. • 매일 규칙적인 학습이 이루어진다.	• 학습 내용을 체크하는 과정에서 부모와 아이 사이에 다툼이 생길 수 있다. • 아이의 학습 상태를 객관적으로 판단하기 어렵다.
엄마표 학습	• 교육비를 절감할 수 있다. • 아이의 학습활동을 관찰해, 학습속도를 조절할 수 있다. • 부모와 아이의 학습 코드가 잘 맞는다면, 아이가 공부하는 데 높은 시너지를 낼 수 있다.	• 부모와 아이의 학습 코드가 잘 맞지 않는다면, 아이의 공부 정서가 나빠질 수 있다. • 전문가의 커리큘럼에 맞춰 아이의 학습 상태를 파악하기 어려울 수 있다. • 지식 측면에서 부모가 아이를 가르치는 데 한계가 있을 수 있다.
과외 교습소	• 아이 맞춤형 수업이 가능하다.	• 교육비가 많이 든다. • 아이에게 맞는 과외선생님을 찾기가 어렵다.
개별 첨삭식 전문학원	• 개별 응용과 심화학습이 가능하다.	• 개별 맞춤형으로 수업 진도가 느릴 수 있다.
중소형 강의식 전문학원	• 수업 커리큘럼이 체계적으로 짜여 있다. • 친구들과 수업을 같이 듣는 형식으로, 사회성을 기르는 동시에 선의의 경쟁으로 성적을 끌어올릴 수 있다.	• 과제가 많아, 아이가 힘들어할 수 있다. • 아이의 학습을 전적으로 학원에 일임해서 부모가 놓치는 부분이 생길 수 있다.
대형 강의식 전문학원	• 아이의 학습 정도를 객관적으로 파악해 학습 수준을 조절할 수 있다. • 학원 고유 프로그램으로 아이를 학습시킬 수 있다.	• 학원 브랜드로 원생을 모으기 때문에 각 강사 능력을 검증하기 어렵다. • 아이의 개별 관리가 어렵다. • 아이가 수업 진도를 따라가려면 학생 개인의 공부 시간이 뒷받침되어야 한다.

초등학생을 위한
자기주도학습법

　2015년 교육과정이 개정되면서 '학생 중심 수업'과 '과정 중심 평가'에 대한 담론이 내포된 자기주도학습의 중요성이 거론되기 시작했다. 시간이 흘러 2022년에는 약 7년간의 노력으로, 과거 사지선다형의 시험 결과만으로 학생의 학습을 평가하던 분위기에서 벗어나 학생 중심 수업을 통한 과정 중심 평가가 가능해지게 되었다.

　학생 중심 수업이란, 학생이 단순히 교사가 진행하는 수업을 듣는 수동적인 존재가 아니라 스스로 학문을 탐구하고 문제를 해결하며 배움의 즐거움을 느끼는 수업을 말한다. 또한 학생이 교과 과목의 핵심 개념과 사고 및 탐구 기능을 심층적으로 이해하여 다양한

　　　　수학 잘하는 아이는 외우지 않습니다

문제해결 상황에 적용할 수 있도록 역량을 함양시키는 교육과정이라고도 할 수 있다.

그렇지만 아직도 사교육 현장에서는 일명 '빡센' 학원이 주류를 이루고 있다. 묻지도 따지지도 않고 아이들에게 고개 숙이고 문제만 풀게 하는 학원을 일컫는 것으로, 여전히 많은 부모가 그곳에 아이를 보낸다. '과정 중심 평가'가 중요해지는 이때, 이렇게 학습해서는 아이의 상위권 진입은 점점 어려워진다. 그럼 대체 어떻게 준비해야 할까?

'과정 중심 평가'란 새로 만든 평가 방법이 아닌 평가를 바라보는 관점을 바꾼 것으로, 학습 과정과 그 결과를 함께 평가하는 것이다. 기존의 평가는 학습을 모두 끝낸 시점에서 학생의 학습 성취 정도를 파악하기 위해 단순히 시험을 진행했다면, 과정 중심 평가는 학생이 무엇을 얼마나 아는지, 아는 것으로 무엇을 할 수 있는지 등, 아이의 학습 참여도나 문제해결능력을 다각도로 살펴본다. 이러한 평가 방법의 대표적인 예가 초등학교 4학년에 실시되는 수행평가이다. 과거의 학습평가가 줄 세우기식이었다면 이제는 아이의 학습 수준을 파악하고 보완하는 걸 목표로 한다는 점에서 매우 고무적이다. 그러니 당장의 시험점수에 연연하지 말고, 긴 호흡으로 아이를 학습시키는 데 주력하자.

자기주도학습 훈련의 골든타임

아이가 유치원에 다녔던 시절을 떠올려 보자. 유치원에서는 아이들이 독립심을 키울 수 있도록 구성한 교육 활동을 주로 한다. 예를 들어 칠판에 번호판을 붙여서 아이에게 어떤 학습영역을 먼저 할 것인지 선택하게 한 다음, 그에 맞춰 준비된 책 중에서 아이에게 읽고 싶은 책을 고르게 하고, 활동이 끝난 뒤에는 스스로 자리를 정돈하게 한다. 그럼 그다음 레벨인 초등학교에서는 어떤 교육 활동을 할까? 유치원과는 사뭇 다르다. 아이들은 특정 과제를 완수하도록 지시받는다. 심지어 학년이 올라갈수록 학습 커리큘럼은 더욱 복잡해져서 아이들은 교사의 지시에 더욱 의존하게 된다.

그래서 많은 부모가 귀에 못이 박히도록 자기주도학습의 중요성에 대해 들어왔을 것이다. 그런데도 쉽사리 아이에게 자기주도학습을 시키지 못하는 이유는 무엇일까? 아마도 눈앞의 시험 성적이 중요한 상황에서 개념적인 접근 대신 공식을 암기하는 방법으로 아이를 지도할 수밖에 없기 때문일 것이다. 다만, 이렇게 하면 일시적으로 아이의 성적을 올릴 수는 있겠으나, 결과적으로는 아이가 개념을 이해한 상태가 아니므로 언젠가는 벽에 부딪히고 말 것이다. 특히나 수학은 위계적인 학문이기에 이런 학습결손이 뒤늦게 발견될수록 아이 스스로 개념을 깨치고 모르는 것을 질문하는, 즉 자기주도학습은 점점 더 어려워진다.

구체적인 사례를 들어 보면 이렇다. 내가 가르치는 학생 중에는

수학 잘하는 아이는 외우지 않습니다

해당 학기 수학 단원 중 어려웠던 내용을 따로 표기해 두고, 방학이 되면 일일계획표를 만들어, 리포트(요점노트, 오답노트, 어휘사전노트)를 만드는 아이들이 있다. 이렇게 공부하는 아이들의 학습 효과는 상상을 초월할 정도로 높다.

이렇게 자기주도학습의 효과가 쌓이다 보면, 아이에게는 메타인지가 형성된다. 쉽게 이야기하면 내가 쓴 답이 얼마나 정답에 가까운지, 나의 기억이 어느 정도 정확한지, 내가 무엇을 배울 때 얼마만큼 시간이 걸릴지 등을 예측하는 능력이 생기는 것이다. 이렇게 되면 아이는 자기객관화가 가능해지고, 내가 무엇을 좋아하고, 무엇을 잘하는지, 성인이 되어서 무엇을 하면 내가 행복할지를 고민하고 진로를 선택할 수 있게 된다.

반면 스스로 세운 계획 없이, 마냥 부모와 교사가 정해준 대로 공부하는 아이의 결과물은 어떠할까? 학습의 누적 결손을 해결할 방학은 어떻게 보낼까? 방학 동안 한껏 풀어져 있던 몸과 마음을, 학기가 시작하자마자 바로 교정할 수 있을까? 최종적으로 이러한 패턴이 누적된 상태에서 아이가 초등학교를 졸업하고, 중학교를 졸업하고, 고등학교를 졸업한다면, 과연 아이의 미래는 어떠할까?

물론 예외도 있다. 유치원부터 대학까지, 부모가 아이의 모든 학습 과정에 관여해 목표를 설계해 주고, 실행하도록 다그친다면 말이다. 다만 내가 학습 현장에서 십여 년간 아이들을 가르쳐온 경험을 바탕으로 이야기한다면, 이러한 방식은 부모와 아이에게 좋은 결과를 주지 못했다. 따라서 부모와 아이 모두 당장의 성적이나 결과에 연연하지 말고, 꾸준히 성장하겠다는 마인드로 하나씩 목표를 이뤄 나가도록 노력해야 한다. 여기에 아이가 직접 성취감을 느끼며 발전 하도록 부모가 옆에서 응원하고 믿음을 보여 준다면, 아이의 학습 효과는 배가 될 것이다.

자기주도학습 루틴 만들기

그렇다면 부모나 교사에게 의존하는 아이를 자기주도학습에 최적 화된 아이로 만들어 줄 매뉴얼에 대해 살펴보자. 최상의 방법은 아 이 스스로 공부 계획표를 만들고 실천하는 것이다. 다음 표는 내가 가르쳤던 5학년 학생이 스스로 만든 계획표를 본뜬 것이다. 기본 세 팅은 단원별 2주 완성 루틴으로 만드는 것을 추천한다(일요일은 쉬 자!).

첫 번째 활동은 요점노트를 만드는 것이다. 단원의 주요 내용을 노트에 정리하는 것으로, 일반적으로 한 과목의 한 단원이면 하루 만에 완성할 수 있지만, 노트를 만들어야 하는 과목이 여러 개라면, 시일이 더 걸려도 괜찮다. 이렇게 단원별 주요 개념을 노트에 정리 하는 이유는 이 행위만으로도 아이들의 머릿속에 단원의 순서와 키 워드가 정리되기 때문이다. 덕분에 아이는 해당 과목 수업 시간에 자신이 무엇을 배우는지 알고, 수업을 듣는 효과를 누릴 수 있다.

그다음 활동은 학교에서 배운 단원에 맞춰 기본서 문제집을 푸는

소요 시간	날짜	회차	학습 내용	목표한 단원의 학습 내용	확인 체크
40분	11월 7일 월요일	1회차	요점노트	5-2학기 2단원 분수의 곱셈 요점 정리하기	
30분	11월 8일 화요일	2회차	교과서 풀기	5-2학기 2단원 분수의 곱셈 익힘 책 오답 정리하기	
40분	11월 9일 수요일	3회차	기본서 풀기	5-2학기 2단원 개념잡기 단원 풀 기(1) 분수×자연수, 자연수×분수	
30분	11월 10일 목요일	4회차		5-2학기 2단원 개념잡기 단원 풀 기(2) 진분수×진분수 5-2학기 2단원 개념잡기 단원 풀 기(3) 대분수×대분수	
50분	11월 11일 금요일	5회차	응용서 풀기	5-2학기 2단원 생각수학 단원 풀 기(1) 분수×자연수, 자연수×분수	
60분	11월 12일 토요일	6회차		5-2학기 2단원 생각수학 단원 풀 기(2) 진분수×진분수 5-2학기 2단원 생각수학 단원 풀 기(3) 대분수×대분수	
70분	11월 14일 월요일	7회차	심화서 풀기	5-2학기 2단원 최상위 단원 풀기 (1) 분수×자연수, 자연수×분수	
70분	11월 15일 화요일	8회차		5-2학기 2단원 최상위 단원 풀기 (2) 진분수×진분수 5-2학기 2단원 최상위 단원 풀기 (3) 대분수×대분수	
60분	11월16일 수요일	9회차	오답노트	최상위 오답노트(1) 최상위 오답노트(2) 최상위 오답노트(3)	
80분	11월 17일 목요일	10회차			

것이다. 이때 선행되어야 하는 것은 아이가 교과서에 나온 문제를 100% 이해하는 것이다. 시중에 나온 문제집은 보통 기본서, 응용서, 심화서 이렇게 세 가지로 나누어져 있는데, 난이도에 따라 풀어나가는 것을 추천한다. 각각을 살펴보면 기본서는 개념을 익히면 바로 적용해 풀 수 있는 문제들로 구성되어 있고, 응용서는 기본 개념에 더해 관계식을 쓸 줄 알면 풀 수 있는 문제들로 구성되어 있다. 마지막 심화서는 앞의 두 가지 능력과 함께 아이에게 수학적 사고력이 있어야 풀 수 있다. 앞서 이야기했지만, 수학적 사고력이란 한 번에 만들어지는 게 아니기 때문에 아이마다 수준이 다를 수 있다. 그래서 계획표에서 심화서를 푸는 단계를 빼야 하는 아이도 있을 것이다. 그러나 내가 추천하는 방법은 심화서를 푸는 과정을 아예 빼지는 말고, 아이가 꾸준히 수학적 사고력을 키울 수 있도록 지도하면서 그에 맞춰 심화서 문제를 푸는 양을 늘려가는 것이다.

마지막 세 번째 활동은 오답노트를 만드는 것이다. 이 작업을 할 때는 부모에게도 아이에게도 인내심이 필요하다. 왜냐하면 아이가 이 노트를 만들 때 한 문제의 풀이 과정을 여러 방식으로 생각하며 적어야만 최상의 학습 효과를 낼 수 있기 때문이다. 일반적으로 한 학기 한 단원에 오답노트 문제는 2~5개 정도가 적당하지만, 이 역시 아이의 역량에 따라 차이가 있을 수 있다. 그러나 그 개수가 너무 많다면 그것은 아이에게 개념 정립이 안 된 것이기 때문에 오답노트를 만드는 작업을 멈추고, 기본서부터 다시 풀어야 한다.

자기주도학습에 따른 문제집 선택

자기주도학습에 좋은 도구가 되어줄 문제집을 소개한다. 수학은 기초가 생명인 과목으로, 나선형 학습과정의 전형이다. 아이가 현행 학습의 심화까지 잘 마무리했다면, 이제는 '착한' 선행학습을 할 때다. 착한 선행학습이란 자기주도를 바탕으로 한 선행학습으로, 우리가 종종 뉴스에서 접하는 수능 만점자 학생들의 공부법이다. 쉽게 이야기해 아이가 자신의 학습 상태를 알고, 그에 맞춰 예습과 복습 계획을 세우는 것이다. 다음은 이에 따른 학습 수준에 맞춰 시너지를 낼 수 있는 문제집을 추천한 것이다.

개념학습(문제 난이도: 기본 90~80%, 응용 10~20%)

아이가 개념교재에 있는 개념들을 읽고 연습문제를 풀 수 있어야 한다. 더불어 습득한 개념을 구체화하여 머릿속에 넣은 후 적재적소에 맞는 개념을 꺼내 문제를 풀 수 있어야 한다. 아이가 이 작업을 완료했는지 확인할 방법은 단원평가인데, 아이에게 각 단원에 실린 단원평가를 풀게 한 후, 점수를 확인했을 때 만점이거나 한두 문제를 틀린 정도라면 유형학습으로 넘어가도 좋다. 만약 점수가 그 이하라면 오답노트를 통해 개념부터 다시 공부시켜야 한다.

유형학습(문제 난이도: 기본 60%, 응용 30%, 심화 10%)

유형교재란 기본 개념에서 파생된 원리를 꼬아서 만든 문제집으로, 아이가 이 학습과정을 잘 따라간다면 각 단원에서 나오는 많은 개

단계	학습 순서	추천 문제집
1단계	개념학습 (연산 포함)	• 교과서 개념잡기(비상교육) • 개념쎈(좋은책신사고) • 디딤돌 초등수학 기본(디딤돌교육) • 개념이 쉬워지는 생각수학 초등(시매쓰출판) • 큐브수학S 개념(동아출판)
2단계	유형학습	• 유형이 편해지는 생각수학 초등(시매쓰출판) • 디딤돌 초등수학기본+응용(디딤돌교육) • 자이스토리 초등수학(수경출판사) • 최상위 초등수학수학S(디딤돌교육)
3단계	심화학습	• 최상위 초등수학(디딤돌교육) • 최상위 쎈 수학(신사고) • 올림피아드 왕 초등 수학(에듀왕) • 영재사고력 수학 1031(시매쓰출판) • 점프왕수학 최상위(에듀왕)
4단계	착한 선행학습	• 중학교 1학년 기본문제집: 숨마쿰라우데 중학수학 개념기본서(이룸이앤비), 커넥트 수학 중등수학(매스노트) • 중학교 1학년 응용문제집: 개념원리 문제기본서 RPM(개념원리), 개념+유형 기초 탄탄 중등수학(비상교육) • 중학교 1학년 심화문제집: 일품 중등 수학 1 450제(좋은책신사고), 블랙라벨 중학 수학(진학사)

수학 잘하는 아이는 외우지 않습니다

넘을 머릿속에 잘 정리한 것이다. 배운 내용을 제 것으로 만드는 과정이 중요한 학습으로, 많은 연습문제를 통해 아이가 훈련하면 좋다.

심화학습(문제 난이도: 기본 20%, 응용 40~50%, 심화 30~40%)

심화학습이 가능한 아이들의 공통점은 자기만의 문제 풀이법을 가지고 있다는 것이다. 즉, 아이가 혼자서 문제를 읽고, 구해야 하는 값이 무엇인지 정확히 파악할 수 있는 능력을 갖춘 것으로 요점노트, 오답노트, 어휘사전노트를 통해 모든 단원을 완전히 숙지한 상태라고 할 수 있다. 여기에 더해 아이가 심화교재로 실력을 더욱 연마한다면, 착한 선행학습은 물론 중학교에 들어가자마자 상위권 진입이 가능할 것이다.

원장님, 질문 있어요!

다음의 질문들은 내가 수십 년간 수많은 학부모를 만나며 가장 많이 받은 질문이다. 초등학생 자녀의 공부법으로 고민하는 많은 학부모에게 도움이 되었으면 하는 바람이다.

공부를 잘하는 건 유전일까?

학생들의 학업적 성취와 상관관계가 가장 높은 변인은 '부모의 학력'이다. 공부를 잘했던 경험이 없는 부모가 아이의 공부를 돕기

란 생각보다 어렵기 때문이다. 이런 맥락에서 본다면 공부를 잘하는 유전자가 따로 있는 것은 아니지만, 심리사회적인 측면에서 본다면 부모의 공부 경험이 자녀의 학업성취도에 상당한 영향을 준다고 볼 수 있을 것 같다.

공부를 잘하려면 아이에게 무엇이 필요할까?

아이가 한 가지 면에서만 특출나서는 공부를 꾸준히 잘하기 어렵다. 여러 가지 조건이 있겠지만, 공부를 잘하기 위해서는 기본적으로 끈기, 긍정적인 마인드, 건강한 식습관, 문해력 그리고 부모의 지지가 필요하다. 이 다섯 가지 요소가 아이에게 충족된다면, 아이는 지치지 않고 좋은 성적을 내며 공부할 수 있을 것이다.

아이가 공부하기를 싫어한다면?

꽤 많은 학부모가 내게 이런 고민을 털어놓는다.

"저는 명문대를 나왔는데, 아이는 공부하기를 싫어해서 걱정이에요." 자신은 부모의 지지나 도움이 없었음에도 알아서 공부해 명문대에 입학했는데, 아이는 도무지 공부에 흥미가 없어 보이니 걱정이라는 것이다.

그런데 생각해 보면 이 질문은 이상하다. 왜냐하면 부모와 아이는 각각 성격이 다른 인격체이기 때문이다. 나는 저절로 공부에 흥미를 느꼈더라도 아이는 그렇지 않을 수 있다. 이건 이상한 일도 걱정스러운 일도 아니다. 아이가 공부에 흥미를 느끼지 못한다면, 흥미를 느끼도록 유도하면 되는 것이다.

아이가 모른다고 별표 친 수학 문제를 어디까지 설명해 줘야 할까?

이것은 수학 과목에만 국한된 문제가 아니다. 아이가 모르는 문제를 질문했을 때, 즉각적으로 문제를 풀이해 주는 대신 해당 문제를 풀기 위해 아이가 알고 있어야 하는 개념을 아이가 숙지하고 있는지, 문제는 제대로 읽었는지 등을 확인해야 한다. 아니면 별표를 치면 틀려도 혼나지 않기 때문에 아이가 문제에 별표를 친 것인지도 확인해야 한다.

아이의 잦은 실수는 어떻게 보완해야 할까?

이건 아이의 집중력 문제다. 문제를 꼼꼼히 읽지 못하는 아이라면 문제를 소리 내 읽게 한 다음, 문제에서 핵심이라고 생각하는 문장에 밑줄을 긋고, 계산해야 하는 숫자나 기호에 동그라미를 치도록 연습시켜야 한다. 그다음 문제 풀이에 해당하는 식을 적고, 답을 구한 후에 단위(개, 명, 마리, cm, km 등)를 써야 하는지를 확인하도록 시킨다.

이렇게 연습하다 보면, 아이는 문제를 꼼꼼하게 읽는 습관을 기를 수 있다. 혹시나 이 단계까지는 왔는데도 아이가 실수를 자주 한다면, 문제 풀이 단계에서 식을 쓰지 않고 암산해서 그런 경우가 대부분이기 때문에 아이의 시험지나 문제집을 보고, 아이가 식을 바르게 적었는지 확인해 보면 좋다.

아이의 집중력을 키우려면
어떻게 해야 할까?

초등학교 저학년 때부터 집중력을 기르는 훈련을 하면 좋은데, 이때 도움이 되는 활동은 독서, 바둑, 보드게임, 종이접기 등이다. 이 중에서 독서는 집중력뿐만 아니라 공부 습관을 형성하는 데도 매우 효과적이다. 다시 한번 강조하지만 초등학생 때 집중력을 기르고 공부 습관을 만든 아이는 중학교, 고등학교에 가서 상위권에 진입할 가능성이 크다.

학원을 오래 다녔는데도 성적이 오르지 않는다면?

아이가 학원을 오래 다녔는데도 성적이 오르지 않는 이유는 크게 두 가지다. 첫 번째는 아이가 공부를 열심히 하지 않아서이다. 소위, 가방만 메고 학원을 왔다 갔다 하는 경우이다. 이건 아이에게 의욕이 없어서인데, 의욕이 없는 이유는 크게 두 가지로 볼 수 있다. 하나는 아이가 몸이 허약하거나 자신감이 부족해서일 수 있고, 다른 하나는 아이가 흥미를 보였던 일에 부모가 무심했던 경험이 아이의 기억에 남아, 아이가 공부에 대한 흥미를 가지려고 하지 않아서일 수 있다. 전자의 경우라면 운동이나 식습관으로 아이의 건강을 회복시키면 될 것이고, 후자의 경우라면 아이와 자주 대화하며 아이가 자신감을 회복할 수 있도록 도우면 된다.

아이가 학원을 오래 다녔는데도 성적이 오르지 않는 두 번째 이유는 아이가 학원을 너무 많이 다녀서이다. 학원을 많이 다니면, 아이가 혼자 공부할 시간이 부족하다. 많은 학부모와 학생이 학원에서 수업을 듣는 게 공부라고 착각하는데, 공부란 수업 시간에 배운 내용을 내가 제대로 이해했는지 따로 시간을 내서 점검하는 작업이다. 같은 학원에서 같은 수업을 듣는 아이들 사이에서도 성적 차이가 나는 것도 바로 이 때문이다. 그러니 무조건 학원 수를 늘리기보다는, 아이가 학원에서 배운 내용을 최적의 컨디션으로 복습할 수 있도록 학원 수를 조절하는 것이 좋다.

수학 잘하는 아이는 외우지 않습니다

초등학교 1학년에게 사교육이 필요할까?

초등학교 1학년에게 사교육이 꼭 필요하진 않다. 다만 아이를 학원에 보내지 않는다면, 부모가 더욱 적극적으로 아이에게 교구체험을 지원해 줘야 한다. 이 활동을 통해 아이가 수학에 흥미를 가지고 수학적 사고력을 키울 수 있기 때문이다. 흔히 가정에서 이 학습을 진행하기 어려워서 아이를 학원에 보내는 경우가 많기 때문에, 부모는 필요에 따라 아이를 학원에 보낼 것인지 결정하면 된다.

아이가 생활 속 수학 감각을 기르려면?

아이의 수학적 감각을 키우려고, 초등학교 입학 전부터 학습지나 문제집 등을 통해 아이를 가르치는 것은 오히려 수학에 대한 거부감을 키울 수 있다. 6, 7세는 주변 사물과 상황에 대해 눈을 뜨는 시기로 공부를 따로 하지 않아도 생활 속에서 수학적 감각을 충분히 익힐 수 있다. 따라서 학습보다는 생활 속 놀이를 통해 자연스럽게 아이의 수적 감각을 키우는 것이 중요하다. 가령 생활 곳곳에서 요일과 같이 반복되는 생활 규칙을 아이에게 계속 이야기해 주거나 장난감 개수 세기와 같이 손으로 만지는 수학 교구활동과 수학 동화 읽기를 함께하면 좋다.

중학교 입학 전, 아이가 꼭 습득해야 할 학습력은?

초등학교 시기는 아이가 평생학습의 기본 기술을 습득하는 기간으로, 이때 익힌 학습력으로 중학교, 고등학교 교육과정을 따라간다고 해도 과언이 아니다. 초등학교 1~6학년까지, 총 6년 동안 아이가 습득해야 하는 학습력은 총 여섯 가지로 읽기, 쓰기, 계산하기, 문제 이해하기, 문제 해결하기, 자기주도학습하기이다.

'읽기'는 지문을 읽고 그 의미를 명확히 이해할 수 있는 능력을 말하고, '쓰기'는 문제의 풀이과정을 식과 말로 풀어 설명할 수 있는 능력을 뜻한다. '계산하기'는 기초 연산 능력을 의미하고, '문제 이해하기'는 자신이 모르는 부분이 무엇인지 알고 정확히 질문할 수 있는 능력을 말하며, '문제 해결하기'는 왜 답이 그렇게 도출되는지 의문을 품고 해결책을 찾을 수 있는 능력을 말한다. 마지막으로 '자기주도학습하기'는 스스로 예습과 복습이 가능한 능력을 뜻한다.

어렸을 때부터 올바른 방식으로 수학을 공부하면, 모든 아이들이 고등학교까지 수학을 잘할 수 있다고 생각한다. 이 책에서 언급한 방식대로 공부한다면 사교육 없이도 수학을 잘해 낼 수 있을 것이다.

수학 잘하는 아이는
외우지 않습니다

1판 1쇄 인쇄 2023년 1월 6일
1판 1쇄 발행 2023년 1월 28일

지은이 서미순

발행인 양원석 **편집장** 박나미 **책임편집** 김율리
디자인 신자용, 김미선 **영업마케팅** 조아라, 이지원, 박찬희, 정다은

펴낸 곳 ㈜알에이치코리아
주소 서울시 금천구 가산디지털2로 53, 20층(가산동, 한라시그마밸리)
편집문의 02-6443-8826   **도서문의** 02-6443-8800
홈페이지 http://rhk.co.kr
등록 2004년 1월 15일 제2-3726호

ISBN 978-89-255-7709-8 (03370)